Lernkartei Chemische Elemente

2. Auflage 2024

Inhalt: Dipl.-Biol. Stefan Lamm
Umschlagbild: © lily - AdobeStock.com
Redaktion: Kohl-Verlag
Grafik & Satz: Kohl-Verlag
Druck: Elanders Druck, Waiblingen

Bestell-Nr. 12 586

ISBN: 978-3-96624-253-0

Bildquellen © AdobeStock.com:

S. 2: BillionPhotos.com; S. 6: Peter Hermes Furian; S. 8: Björn Wylezich (2x), rcfotostock, kei907; S. 10: Scanrail, Tatiana Atamaniuk, Anatoly Maslennikov, Kondor83, Björn Wylezich; S. 12: Björn Wylezich, antonel, Peter Hermes Furian; S. 14: Björn Wylezich (2x), Bokeh Art Photo, Kim, cherry 26; S. 16: Björn Wylezich, Scanrail, weyo, denklim; S. 18: Björn Wylezich (4x); S. 20: RHJ, Ekaterina, Björn Wylezich, Daniel Strauch; S. 22: Ludmilla, Björn Wylezich (2x), rik; S. 24: Björn Wylezich (2x); S. 26: Ekaterina, zelenka68, Björn Wylezich; S. 28: Björn Wylezich (2x); S. 30: Björn Wylezich (3x); S. 32: Björn Wylezich (3x); S. 34: Dario Lo Presti, virtuoz9891, ExQuisine; S. 36: nikolayn, Björn Wylezich (2x); S. 38: Björn Wylezich (2x), Kim, Gregory; S. 40: Björn Wylezich (4x); S. 42: Björn Wylezich (4x); S. 44: Björn Wylezich (2x), S_E, marcel; S. 46: Cerae, Björn Wylezich (2x); S. 48: Juulijs, Gregory, GoodIdeas; S. 50: helivideo, GeorgeKYP, blueringmedia; S. 52: blueringmedia (2x); S. 54: W.Scott McGill; S. 60: Gregory; S. 62: Sina Ettmer; S. 64: angellodeco; S. 67-72: Peter Hermes Furian.

Bildquellen © wikipedia.com:

S. 12: Dnn87; S.14: BXXXD; S. 16: Schmid & Rauch; S. 24: Alchemist-hp; S. 28: Bionerd; S. 30: Alchemist-hp; S. 32: Robert Matthew Lavinsky; S. 34: Dnn87; S. 36: Tomihahndorf; S. 46: Alchemist-hp; S. 48: Robert M. Lavinsky (2x), W. Oelen; S. 52: Geomartin, Alchemist-hp; S. 54: Bionerd, Los Alamos National Lab; S. 56: Ferdinand Schmutzer, Gku; S. 58: ChrisM; S. 60: Yokki; S. 62: Smithsonian Institution; S. 64: 研究振興局基礎研究振興課; S. 66: Russian Presidential Press and Information Office, Department of Energy, Sandbh, Alexander Braun, Mardeg, Bastianow; S. 72: Tomihahndorf.

Inhalt

„Neben der Vorhersage neuer Elemente und ihrer zu erwartenden Eigenschaften hat sich das Periodensystem auch als unschätzbar erwiesen, wenn erfolgversprechende Forschungsansätze bei der Herstellung neuer Verbindungen gesucht werden. Die Chemiker haben diese Denkweise mittlerweile in solchem Maße verinnerlicht, dass ihnen kaum noch bewusst ist, wie außerordentlich schwierig ihre Aufgabe wäre, wenn sie sich nicht auf periodische Trends stützen könnten. Ihre Arbeit kann deshalb erfolgreich geplant werden, weil sich die Auswirkungen schon im Voraus abschätzen lassen, wenn ein Element oder eine Gruppe in einer Verbindung ersetzt werden. Dabei behält der umsichtige Chemiker aber stets die Möglichkeit im Auge, dass überraschend neue Effekte oder unerwartete Faktoren auftreten können.“ *– N.N. Greenwood, A. Earnshaw: Chemistry of the Elements.*

Vorwort

Liebe Kolleginnen, liebe Kollegen,

das Periodensystem der Elemente (PSE) ist aus den meisten Chemiefachräumen nicht wegzudenken. Die Vielzahl der Elemente, deren Entdeckung und Charakterisierung, sowie die Systematisierung sind zentrale Bausteine der Chemie. Doch vielen Schülern ist die Bedeutung dieser Einordnung nicht klar. Vielleicht wurde in der Vergangenheit der Lehrstoff etwas trocken präsentiert?

Mit Hilfe dieser Lernkartei haben Sie vielfältige Möglichkeiten die chemischen Elemente und vor allem die Bedeutung des Wortteils *Periode* Ihren Schülern*innen näherzubringen. Bei der Erstellung dieser Lernkartei stieß ich leider immer wieder auf fachliche Sachzwänge. Die Einteilung ist nicht immer eindeutig. So sind, um nur ein Beispiel zu nennen, die Grenzen zwischen Metallen und Halbmetallen fließend, was zum einen durch die unterschiedliche Sichtweise der Fachbereiche Chemie und Physik, zum anderen dadurch begründet ist, dass Modifikationen eines Elements vollkommen unterschiedliche Eigenschaften aufweisen können. Nehmen wir als Beispiel den Kohlenstoff und als Modifikationen das Graphit und den Diamant. Graphit weist im Gegensatz zum Diamant gute elektrische Leitfähigkeit auf, der Diamant glänzt dagegen sprichwörtlich mit sehr hoher Wärmeleitfähigkeit. Die Einteilung wurde nach bestem Wissen und Gewissen gemacht. Der Fokus liegt bei dieser Lernkartei auch weniger auf Zahlen und Detailverliebtheit, sondern soll den Schülern eine Handhabe sein, sich mit den Elementen, den Elementgruppen und dem PSE teils spielerisch auseinanderzusetzen.

Auch sollte den Schülern*innen vermittelt werden, dass das PSE in der heutigen Form auch den *aktuellen* Wissensstand wiederspiegelt. Das PSE kann in 20 Jahren schon ganz anders aussehen.

Die Zahlenangaben auf den Lernkarten (Schmelz- und Siedetemperatur bzw. Dichte) sind Werte, die sich auf Standardbedingungen beziehen. Die Piktogramme vermitteln einen weiteren Eindruck zur Charakterisierung. Die Karten sind, entsprechend der Gruppenzugehörigkeit farblich gleich, sodass auch hier über das Auge eine schnelle Zuordnung erfolgen kann. Jede Karte hat vorne einen kurzen Steckbrief zum Element und auf der Rückseite ein passendes Foto. Metalle bildhaft darzustellen ist kein Problem, ganz anders sieht es bei farblosen Gasen oder radioaktiven Elementen aus. Daher konnte aufgrund dieses Sachzwanges nicht immer ein Foto des gediegenen Elementes angebracht werden. Die Bilder und die Infos auf den Karten sollen zum Nachdenken und zum fachlichen Gespräch anregen. Es wäre sehr wünschenswert, wenn Sie die Elementkarten mit „handfesten“ Beispielen aus ihrem Chemiearchiv ergänzen. Chemie aktiv erleben.

Auf Seite 4 finden Sie Angaben zur Handhabung. Seite 5 bietet eine Reihe von Einsatzmöglichkeiten oder Spielideen, die Ihnen hoffentlich den einen oder anderen Impuls vemitteln können.

Diese Lernkartei erhebt keinerlei Anspruch auf Vollständigkeit und soll diese auch gar nicht transportieren. Mein Ziel ist es, dass wir ein Mittel an der Hand haben, wie wir den Chemieunterricht bzw. das Fach Chemie und hier vor allem die zentrale Rolle der Elemente neu beleben und vermitteln können.

Ich wünsche Ihnen und Ihren Schützlingen viel Freude und aufschlußreiche „Aha-Momente“ beim Einsatz meiner Lernkartei - auch im Namen des restlichen Kohl-Verlagsteams.

Stefan Lamm

Vorbereitung des Materials

Es bietet sich an, das Material zu laminieren, um somit lange Zeit Nutzen aus der Lernkartei ziehen zu können. Gehen Sie daher wie folgt vor:

- Trennen Sie den Klebefalz so knapp wie möglich (ca. 5 mm) mit Hilfe einer Schneidemaschine ab. Nun haben Sie das Heft als lose Blättersammlung vorliegen.
- Laminieren Sie nun alle Seiten ab Seite 5 einzeln.
- Legen Sie den Stapel so vor sich, dass stets die Seite mit der ungeraden Seitenzahl nach oben schaut. Nur auf diesen Seiten finden Sie auch das Scherensymbol im oberen linken Eck!
- Seite 5/6 ist schon fertig. Seite 5 bietet eine kleine Sammlung von Spielideen. Auf der Rückseite haben Sie das PSE in A4, das Sie bspw. als Spielplan nutzen können.
- Schneiden Sie nun die Kareikarten (S. 7 bis S. 66) einzeln aus. Nutzen Sie dazu eine Schere oder eine Schneidemaschine. Die Motive der Rückseite haben keinen Rahmen.
- Ab Seite 65 folgen größere Karten. Die erste bietet einen Überblick über die verwendeten Piktogramme und Symbole. Auf der Rückseite sind 4 alternative Darstellungen des PSE aufgeführt.
- Ab Seite 67 folgen noch die Karten, auf denen die Gruppen erklärt sind.
- Nach dem Ausschneiden liegen nun vor:
  - ☑ 1 Periodensystem der Elemente in A4 mit Vorschlägen & Ideen zum Einsatz auf der Rückseite
  - ☑ 118 Karten mit den chemischen Elementen
  - ☑ 1 Karte mit Legende/Symbolerklärungen und alternativen Darstellungen
  - ☑ 6 Karten, auf denen die einzelnen Gruppen vorgestellt werden.
- Alle Karten, sowie das PSE sind farblich aufeinander abgestimmt und verdeutlichen die Gruppenzugehörigkeit.

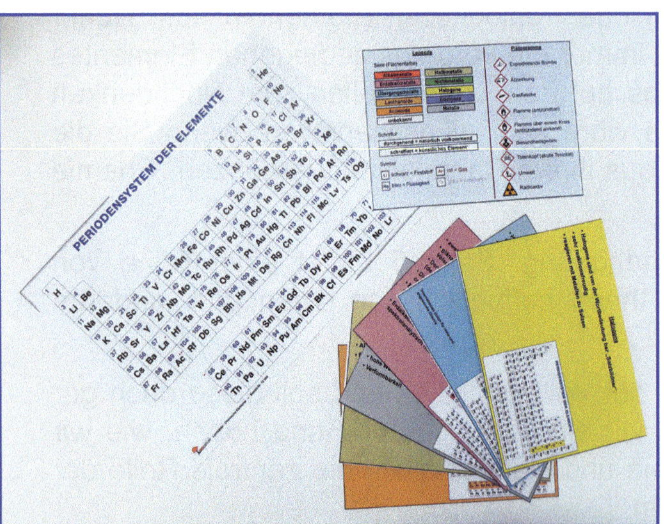

- 1 PSE in A4 als Spielvorlage
- 1 Karte zur Erklärung (Legende/Piktogramme)
- 6 Karten zu den einzelnen Gruppen

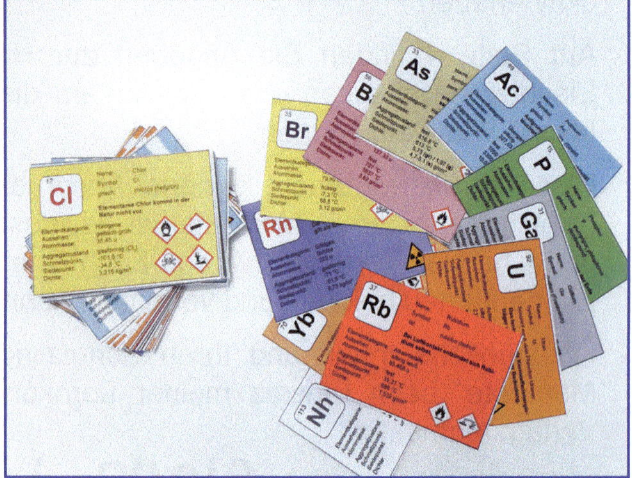

- 118 Lernkarteikarten zu den chemischen Elementen

Ideensammlung

Hier finden Sie eine kleine Ideensammlung zum Einsatz dieser Lernkartei. Selbstverständlich sind weitere Verwendungen möglich. Lassen Sie Ihrer Kreativität freien Lauf. Passen Sie den Einsatz und die Schwierigkeit dabei Ihrer Lerngruppe an:

Was bin ich?

Spielform: Kleingruppen
Ziel: Chemische Elemente anhand ihrer Charakteristika erkennen
Vorgang: Der Spielleiter wählt ein Element und fängt an, dieses Element vorzustellen. Er sagt: „Ich bin ein Metall". „Meine Ordnungszahl ist ...". „Mein Name leitet sich ab von ...". Nach jeder Frage lässt der Spielleiter eine Pause. Jede Lerngruppe darf nur einmal ein Element nennen. Bei Falschmeldung scheidet die Gruppe aus. Hat eine Gruppe genügend Hinweise bekommen und nennt nun das richtige Element, dann bekommt die Gruppe die Karte. Die Gruppe, die zuerst 5 Karten ergattert hat, gewinnt.
Lernziel: Element und deren Eigenschaften verinnerlichen

Elemente treffen

Spielform: Kleingruppen
Ziel: C
Vorbereitung: Jede Gruppe bekommt eine Kopie des PSE von Seite 6. (Hier sind nur die Kürzel aufgeführt.)
Vorgang: Jede Gruppe muss eine zuvor festgelegte Anzahl an Elementen farblich markieren. Nun zieht der Spielleiter aus dem Stapel mit den 118 Elementen „blind" eine Karte heraus und liest den Namen vor (Bsp. Astat). Die Gruppe, die das Feld mit „At" markiert hat, ruft nun „Treffer"; alle anderen rufen nichts. Der Spielleiter kontrolliert nun, ob Astat auch dem korrekten Kürzel zugeordnet wurde. Stimmt das Kürzel, geht das Spiel weiter. Bei falschem Kürzel bekommt die Gruppe einen Strafpunkt. Die Gruppe, bei der alle zuvor markierten Elemente korrekt „getroffen" wurden, gewinnt.
Lernziel: Elemente und Kürzel, sowie deren Position im PSE kennen

Das versteckte Element

Spielform: Kleingruppen
Ziel: Finden des fehlenden Elements einer Gruppe
Vorgang: Der Spielleiter nennt eine chemische Gruppe, um die es sich handelt und legt die entsprechenden Karten gut sichtbar aus oder hängt sie an die Tafel. Dabei behält der Spielleiter eine oder beliebig viele Karten ein. Die Mitspieler sind nun gefordert, so schnell wie möglich zu entdecken, welche Karte(n) dieser chemischen Gruppe(n) fehlt/fehlen. Wer am schnellsten ist, erhält einen Punkt. Pro genannter fehlender Karte gibt es einen Punkt.
Lernziel: Die Schüler verinnerlichen somit die Zugehörigkeit der einzelnen Elemente zu den chemischen Gruppen (im Prinzip wie beim Vokabellernen).

Wer kennt das Kürzel?

Spielform: Kleingruppen
Ziel: Kurzbezeichnung der chemischen Elemente nennen
Vorgang: Der Spielleiter zieht eine Karte und liest das chemische Element vor (Bsp: Cäsium). Die Mitspieler sind nun gefordert, so schnell wie möglich die dazugehörige Kurzbezeichnung zu nennen. Alternativ können die Karten auch zwischen den Gruppenmitgliedern aufgeteilt werden, sodass jeder abwechselnd mit der Frage an der Reihe ist. Der Schnellste, der die Antwort richtig genannt hat, bekommt die Karte ausgehändigt. Am Ende ist derjenige, der die meisten Karten ergattert hat, der Sieger oder der Schnellste erhält einen Punkt. Bei einer falschen Antwort gibt es entweder einen Minuspunkt oder/und derjenige, der die falsche Antwort gegeben hat, muss für diese Runde bis zur Ermittlung der Antwort aussetzen.
Lernziel: Verinnerlichung der Abkürzungen

Wer kennt das Element?

Wie „Wie kennt das Kürzel?", nur hier wird die Kurzbezeichnung genannt und die Mitspieler nennen den vollständigen Namen des Elements.

PERIODENSYSTEM DER ELEMENTE

1 H																	2 He
3 Li	4 Be											5 B	6 C	7 N	8 O	9 F	10 Ne
11 Na	12 Mg											13 Al	14 Si	15 P	16 S	17 Cl	18 Ar
19 K	20 Ca	21 Sc	22 Ti	23 V	24 Cr	25 Mn	26 Fe	27 Co	28 Ni	29 Cu	30 Zn	31 Ga	32 Ge	33 As	34 Se	35 Br	36 Kr
37 Rb	38 Sr	39 Y	40 Zr	41 Nb	42 Mo	43 Tc	44 Ru	45 Rh	46 Pd	47 Ag	48 Cd	49 In	50 Sn	51 Sb	52 Te	53 I	54 Xe
55 Cs	56 Ba	57 La*	72 Hf	73 Ta	74 W	75 Re	76 Os	77 Ir	78 Pt	79 Au	80 Hg	81 Tl	82 Pb	83 Bi	84 Po	85 At	86 Rn
87 Fr	88 Ra	89 Ac**	104 Rf	105 Db	106 Sg	107 Bh	108 Hs	109 Mt	110 Ds	111 Rg	112 Cn	113 Nh	114 Fl	115 Mc	116 Lv	117 Ts	118 Og

*	58 Ce	59 Pr	60 Nd	61 Pm	62 Sm	63 Eu	64 Gd	65 Tb	66 Dy	67 Ho	68 Er	69 Tm	70 Yb	71 Lu
**	90 Th	91 Pa	92 U	93 Np	94 Pu	95 Am	96 Cm	97 Bk	98 Cf	99 Es	100 Fm	101 Md	102 No	103 Lr

1

H

Name: Wasserstoff
Symbol: H
lat: *hydrogenium (= Wasser)*

häufigstes Element im Universum

Elementkategorie: Nichtmetalle
Aussehen: farbloses Gas (H_2)
Atommasse: 1,0079 u

Aggregatzustand: gasförmig (H_2)
Schmelzpunkt: -259,14 °C
Siedepunkt: -252 °C
Dichte: 0,0899 kg/m³

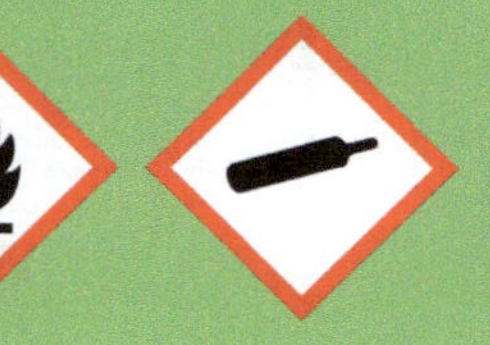
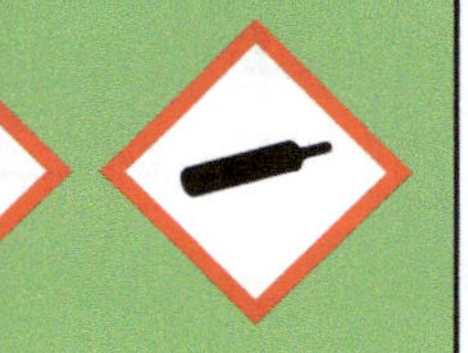

2

He

Name: Helium
Symbol: He
griech: *hélios (= Sonne)*

kommt nur atomar vor

Elementkategorie: Edelgase
Aussehen: farbloses Gas
Atommasse: 4,002602 u

Aggregatzustand: gasförmig
Schmelzpunkt: -272,2 °C
Siedepunkt: -269 °C
Dichte: 0,1785 kg/m³

3

Li

Name: Lithium
Symbol: Li
griech: *lithos (= Stein)*

Lithium-Ionen-Akkumulatoren

Elementkategorie: Alkalimetalle
Aussehen: silbrig weiß/grau
Atommasse: 6,94 u

Aggregatzustand: fest
Schmelzpunkt: 180,54 °C
Siedepunkt: 1330 °C
Dichte: 0,534 g/cm³

4

Be

Name: Beryllium
Symbol: Be
lat: *beryllos (= meergrüner indischer Edelstein)*

süßlicher Geschmack & hoch giftig!

Elementkategorie: Erdalkalimetalle
Aussehen: weiß-grau metallisch
Atommasse: 9,0121831 u

Aggregatzustand: fest
Schmelzpunkt: 1287 °C
Siedepunkt: 2969 °C
Dichte: 1,848 g/cm³

Heliumbefüllung

Wasserstoff in H_2O Verbindung

99,58% reines Beryllium

99,9% reines Lithium

Name: Bor

Symbol: B

lat: *borax (= borsaures Natron)*

vielfältiger Einsatz (Waschmittel, Glas, Bordünger, Insektizid ...)

Elementkategorie:	Halbmetalle
Aussehen:	schwarz
Atommasse:	10,81 u
Aggregatzustand:	fest
Schmelzpunkt:	2076 °C
Siedepunkt:	3930 °C
Dichte:	2,460 g/cm³

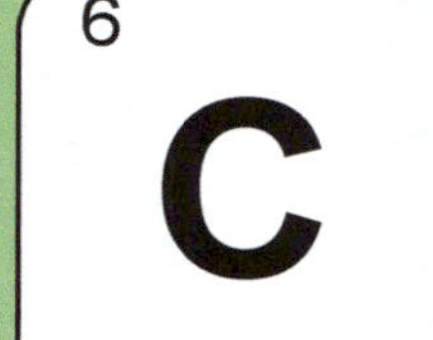

Name: Kohlenstoff

Symbol: C

lat: *carbō (= Holzkohle)*

Element mit der größten Vielfalt an chem. Verbindungen.

Elementkategorie:	Nichtmetalle
Aussehen:	schwarz (Graphit), farblos (Diamant), gelbbraun (Lonsdaleit), dunkelgrau (Chaoit)
Atommasse:	12,011 u
Aggregatzustand:	fest
Schmelzpunkt:	3550 °C
Siedepunkt:	4827 °C
Dichte:	Graphit/Diamant 2,26/3,51 g/cm³

7 **N**

Name: Stickstoff

Symbol: N

griech: *Nitrogenium*

mit ~78% Hauptbestandteil der Luft

Elementkategorie:	Nichtmetalle
Aussehen:	farbloses Gas
Atommasse:	14,0067 u
Aggregatzustand:	gasförmig (N_2)
Schmelzpunkt:	-210,1 °C
Siedepunkt:	-196 °C
Dichte:	1,250 kg/m³

8 **O**

Name: Sauerstoff

Symbol: O

lat: *Oxygenium*

mit einem Gesamtanteil von 30% das zweithäufigste Element der Erde

Elementkategorie:	Nichtmetalle
Aussehen:	farbloses Gas
Atommasse:	15,999 u
Aggregatzustand:	gasförmig (O_2)
Schmelzpunkt:	-218,3 °C
Siedepunkt:	-183 °C
Dichte:	1,429 kg/m³

Kohlenstoff in zwei typischen Formen:
Kohle und Diamant

99% reines Bor

reiner Sauerstoff in Flaschen

Stickstoff in flüssiger Form

9 F

Name: Fluor
Symbol: F
lat: *fluores (Flussspat)*

Flussmittel zur Herabsetzung des Schmelzpunktes von Erzen

Elementkategorie:	Halogen
Aussehen:	blasses, gelbliches Gas
Atommasse:	18,9984 u
Aggregatzustand:	gasförmig (F_2)
Schmelzpunkt:	-219,62 °C
Siedepunkt:	-188 °C
Dichte:	1,6965 kg/m³

10 Ne

Name: Neon
Symbol: Ne
griech: *νέος néos (= neu)*

eines der häufigsten Elemente im Universum

Elementkategorie:	Edelgase
Aussehen:	farbloses Gas
Atommasse:	20,1797 u
Aggregatzustand:	gasförmig
Schmelzpunkt:	-248,59 °C
Siedepunkt:	-246 °C
Dichte:	0,900 kg/m³

11 Na

Name: Natrium
Symbol: Na
hebr: *neter (Soda)*

kommt aufgrund seiner Reaktivität nicht elementar vor

Elementkategorie:	Alkalimetalle
Aussehen:	silbrig weiß/grau
Atommasse:	22,98976 u
Aggregatzustand:	fest
Schmelzpunkt:	97,72 °C
Siedepunkt:	890 °C
Dichte:	0,968 g/cm³

12 Mg

Name: Magnesium
Symbol: Mg
griech: *μαγνησία λίθος (= Magnetstein)*

Mg^{2+} als Zentralion im Chlorophyll

Elementkategorie:	Erdalkalimetalle
Aussehen:	silbrig weiß
Atommasse:	9,0121831 u
Aggregatzustand:	fest
Schmelzpunkt:	650 °C
Siedepunkt:	1110 °C
Dichte:	1,738 g/cm³

Neonreklame in New York City, USA

Fluoridkristall
Elementares Fluor kommt sehr selten vor.

99,95% reines Magnesium

Natrium

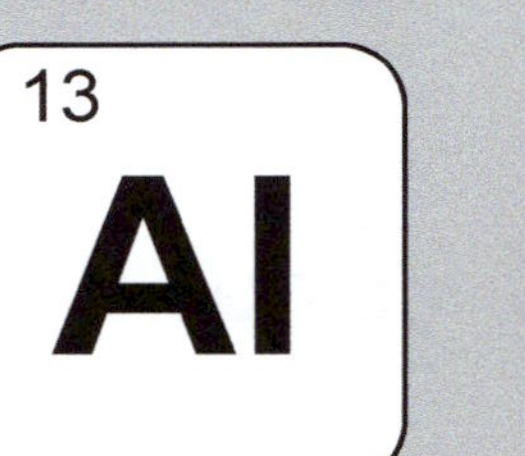

Name: Aluminium
Symbol: Al
lat: *alumen (Alaun)*

das häufigste Metall in der Erdkruste

Elementkategorie: Metalle
Aussehen: silbrig
Atommasse: 26,981 u

Aggregatzustand: fest
Schmelzpunkt: 660,2 °C
Siedepunkt: 2470 °C
Dichte: 2,6989 g/cm³

14
Si

Name: Silizium
Symbol: Si
lat: *silicia (Kieselerde)*

Etwa 15% der Erde bestehen aus Si.

Elementkategorie: Halbmetalle
Aussehen: dunkelgrau, blaulicher Farbton
Atommasse: 28,085 u

Aggregatzustand: fest
Schmelzpunkt: 1410 °C
Siedepunkt: 3260 °C
Dichte: 2,336 g/cm³

15
P

Name: Phosphor
Symbol: P
griech: *phōsphóros (lichttragend)*

essentiell für alle Lebewesen der Erde

Elementkategorie: Nichtmetalle
Aussehen: weißbeige/dunkelrot/schwarz
Atommasse: 30,974 u

Aggregatzustand: fest
Schmelzpunkt: 44,2 °C
Siedepunkt: 280 °C
Dichte: 1,83 (**w**) / 2,0-2,4 (**r**) 2,69 (**s**) g/cm³

16
S

Name: Schwefel
Symbol: S
lat: *sulpur (langsam verbrennen)*

Schwefelsäure ist als eine der meistproduzierten Chemikalien bedeutsam.

Elementkategorie: Nichtmetalle
Aussehen: gelb
Atommasse: 32,06 u

Aggregatzustand: fest
Schmelzpunkt: 115,21 °C
Siedepunkt: 445 °C
Dichte: 2,07 g/cm³

Silizium

99,99% reines Aluminium

Schwefelnugget aus Bolivien

Phosphor
weiß, rot und schwarz

17

Cl

Name: Chlor
Symbol: Cl
griech: *chlōrós (hellgrün)*

Elementares Chlor kommt in der Natur nicht vor.

Elementkategorie: Halogene
Aussehen: gelblich-grün
Atommasse: 35,45 u

Aggregatzustand: gasförmig (Cl_2)
Schmelzpunkt: -101,5 °C
Siedepunkt: -34,6 °C
Dichte: 3,215 kg/m³

18

Ar

Name: Argon
Symbol: Ar
griech: *argós (träge)*

Auf der Erde das am häufigsten vorkommende Edelgas.

Elementkategorie: Edelgas
Aussehen: farbloses Gas
Atommasse: 39,948 u

Aggregatzustand: gasförmig
Schmelzpunkt: -189,3 °C
Siedepunkt: -186 °C
Dichte: 1,784 kg/m³

19

K

Name: Kalium
Symbol: K
arabisch: *al-qalya (Pflanzenasche)*

Kalium und Calcium sind biologische Gegenspieler und essentiell für uns.

Elementkategorie: Alkalimetalle
Aussehen: silbrig weiß
Atommasse: 39,098 u

Aggregatzustand: fest
Schmelzpunkt: 63,38 °C
Siedepunkt: 774 °C
Dichte: 0,856 g/cm³

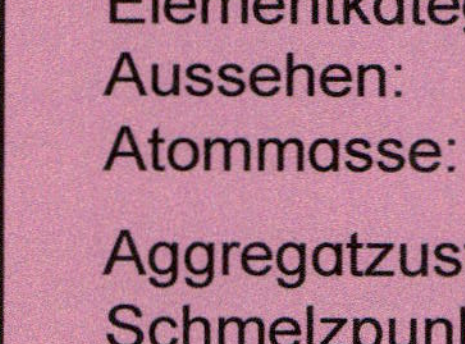

20

Ca

Name: Calcium
Symbol: Ca
lat: *calx (Kalk, Kalkstein, Kreide)*

aufgrund der starken Reaktivität nur in gebundener Form (Mineralien)

Elementkategorie: Erdalkalimetalle
Aussehen: silbrig weiß
Atommasse: 40,078 u

Aggregatzustand: fest
Schmelzpunkt: 842 °C
Siedepunkt: 1487 °C
Dichte: 1,55 g/cm³

Das Gas Argon findet bei bestimmten Schweißverfahren für Metalle (Titan, Wolfram) Anwendung.

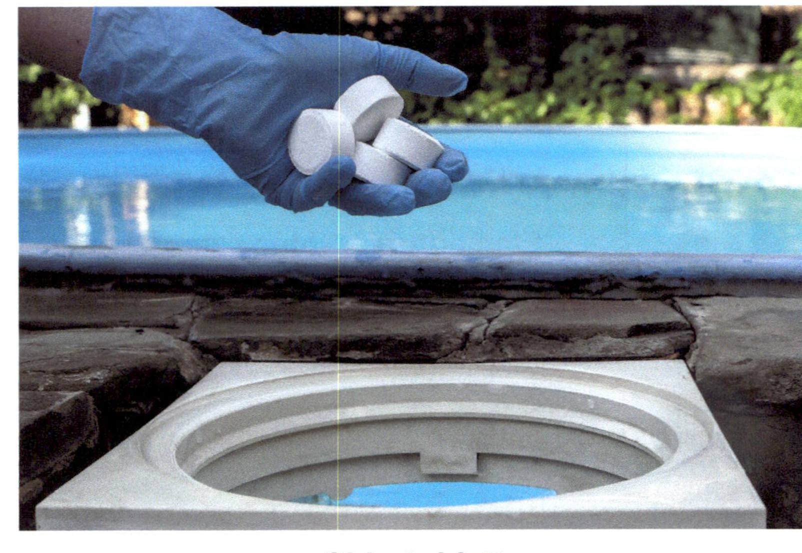

Chlortabletten zur Desinfektion in vielen Schwimmbädern

99,9% reines Calcium

Kalium unter einem Lösungsmittel

21 Sc

Name: Scandium
Symbol: Sc
lat: *Scandia (Skandinavien)*

Derzeit gibt es weltweit nur 4 Produktionsstätten für Scandium.

Elementkategorie:	Übergangsmetalle
Aussehen:	silbrig weiß
Atommasse:	44,956 u
Aggregatzustand:	fest
Schmelzpunkt:	1541 °C
Siedepunkt:	2730 °C
Dichte:	2,985 g/cm³

22 Ti

Name: Titan
Symbol: Ti
benannt nach den Titanen der gr. Mythologie

sehr aufwendige Herstellung, daher vielfach teurer als Rohstahl

Elementkategorie:	Übergangsmetalle
Aussehen:	silbrig metallisch
Atommasse:	47,867 u
Aggregatzustand:	fest
Schmelzpunkt:	1668 °C
Siedepunkt:	3260 °C
Dichte:	4,5 g/cm³

23 V

Name: Vanadium
Symbol: V
isländ: *Vana-dís (Wanenfrau, aus der nordischen Mythologie)*

Legierungen aus V und Ti sind besonders stabil (Flugzeugbau).

Elementkategorie:	Übergangsmetalle
Aussehen:	stahlgrau metallisch, bläulich schimmernd
Atommasse:	50,942 u
Aggregatzustand:	fest
Schmelzpunkt:	1910 °C
Siedepunkt:	3407 °C
Dichte:	6,11 g/cm³

24 Cr

Name: Chrom
Symbol: Cr
griech: *chrṓma (Farbe)*

Die Chromgerbung ist das wichtigste Verfahren in der Lederherstellung.

Elementkategorie:	Übergangsmetalle
Aussehen:	silbrig metallisch
Atommasse:	51,996 u
Aggregatzustand:	fest
Schmelzpunkt:	1907 °C
Siedepunkt:	2482 °C
Dichte:	7,14 g/cm³

99,99% reines Titan

99,99% reines Scandium

Chrom

99,99% reines Vanadium

25
Mn

Name: Mangan
Symbol: Mn
lat: *manganesia nigra (Braunstein)*

von zentraler Bedeutung bei der Photosynthese

Elementkategorie:	Übergangsmetalle
Aussehen:	silbrig metallisch
Atommasse:	54,938 u
Aggregatzustand:	fest
Schmelzpunkt:	1246 °C
Siedepunkt:	2100 °C
Dichte:	7,43 g/cm³

26
Fe

Name: Eisen
Symbol: Fe
lat: *ferrum (Eisen)*

In der Alchemie mit dem Zeichen für Mars/Männlichkeit verknüpft.

Elementkategorie:	Übergangsmetalle
Aussehen:	grau, metallisch glänzend
Atommasse:	55,845 u
Aggregatzustand:	fest
Schmelzpunkt:	1538 °C
Siedepunkt:	3000 °C
Dichte:	7,874 g/cm³

27
Co

Name: Cobalt
Symbol: Co
lat: *cobaltum (Kobold)*

Cobalt ist Bestandteil von Vitamin B_{12} und damit essentiell.

Elementkategorie:	Übergangsmetalle
Aussehen:	metallisch, bläulich/grau
Atommasse:	58,933 u
Aggregatzustand:	fest
Schmelzpunkt:	1495 °C
Siedepunkt:	2900 °C
Dichte:	8,90 g/cm³

28
Ni

Name: Nickel
Symbol: Ni
griech: *nike (Sieg)*

1881 wurde die erste aus reinem Nickel bestehende Münze geprägt.

Elementkategorie:	Übergangsmetalle
Aussehen:	glänzend, metallisch, silbrig
Atommasse:	58,693 u
Aggregatzustand:	fest
Schmelzpunkt:	1455 °C
Siedepunkt:	2730 °C
Dichte:	8,908 g/cm³

Eisenerz

Manganknolle

Nickel

99,99% reines Cobalt

29 **Cu**

Name: Kupfer
Symbol: Cu
lat: *cuprum (Erz aus Zypern)*

hervorragender Wärme- und Stromleiter

Elementkategorie: Übergangsmetalle
Aussehen: lachsrosa, metallisch
Atommasse: 63,546 u

Aggregatzustand: fest
Schmelzpunkt: 1084,62 °C
Siedepunkt: 2868 °C
Dichte: 8,92 g/cm³

30 **Zn**

Name: Zink
Symbol: Zn
Wortherkunft: *Zinke (Zahn, Zacken)*

als Bestandteil von Messing seit dem Altertum in Gebrauch

Elementkategorie: Übergangsmetalle
Aussehen: bläulich, blassgrau
Atommasse: 65,38 u

Aggregatzustand: fest
Schmelzpunkt: 419,53 °C
Siedepunkt: 907 °C
Dichte: 7,14 g/cm³

31 **Ga**

Name: Gallium
Symbol: Ga
lat: *Gallien (Frankreich)*

Ca. 95% des verarbeiteten Galliums werden für Solarzellen/LEDs genutzt.

Elementkategorie: Metalle
Aussehen: silbrig weiß
Atommasse: 69,723 u

Aggregatzustand: fest
Schmelzpunkt: 29,76 °C
Siedepunkt: 2400 °C
Dichte: 5,904 g/cm³

32 **Ge**

Name: Germanium
Symbol: Ge
lat: *Germania (Deutschland)*

weit verbreitet, aber stets nur in Spuren => 1,5 g/t Erdkruste

Elementkategorie: Halbmetalle
Aussehen: gräulich weiß
Atommasse: 72,630 u

Aggregatzustand: fest
Schmelzpunkt: 938,3 °C
Siedepunkt: 2830 °C
Dichte: 5,323 g/cm³

99,999% reines Zink

Kupfer-Nugget aus Michigan/USA

Germanium

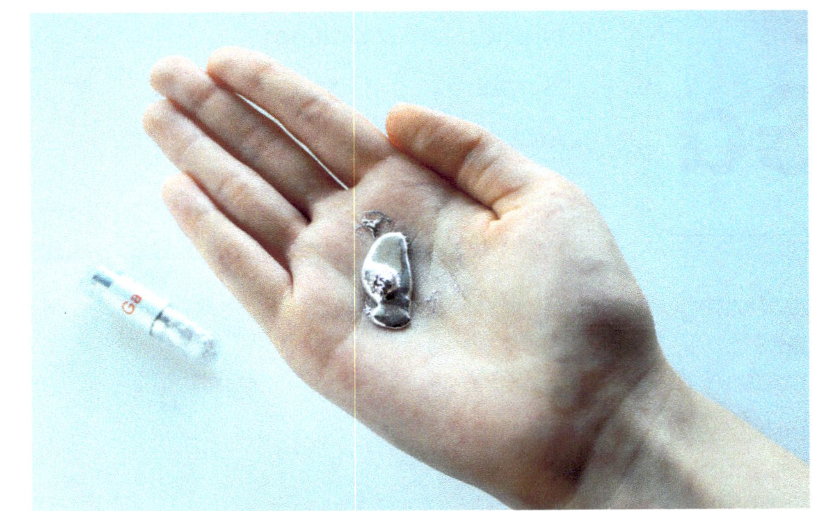

Gallium schmilzt aufgrund der Körpertemperatur auf der Hand.

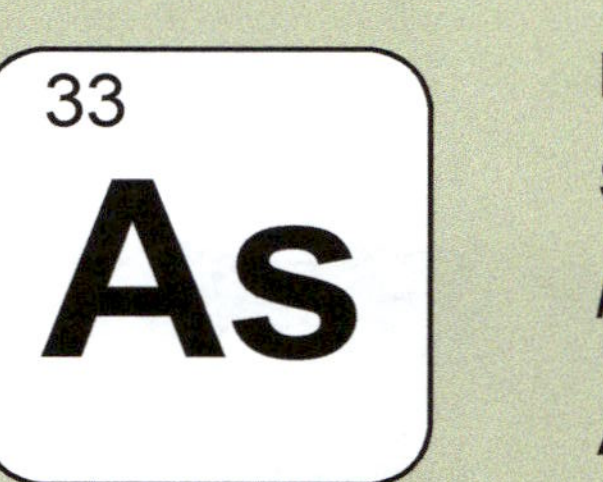

Name: Arsen
Symbol: As
pers: *(al-)zarnik (goldfarben)*

Arsenhaltige Kampfstoffe lösten grausame Schmerzen und Schäden aus.

Elementkategorie: Halbmetalle
Aussehen: metallisch grau, gelb oder schwarz
Atommasse: 74,922 u

Aggregatzustand: fest
Schmelzpunkt: 816,8 °C
Siedepunkt: 613 °C
Dichte: 5,73 (**gr**) / 1,97 (**g**) 4,7-5,1 (**s**) g/cm³

34
Se

Name: Selen
Symbol: Se
griech: *selḗnē (Mond)*

Für alle Lebensformen der Erde ist Selen essentiell.

Elementkategorie: Halbmetalle
Aussehen: grau, glänzend
Atommasse: 78,971 u

Aggregatzustand: fest
Schmelzpunkt: 221 °C
Siedepunkt: 685 °C
Dichte: 4,28-4,8 g/cm³

35
Br

Name: Brom
Symbol: Br
griech: *brōmos (Gestank)*

verdankt seinen Namen dem stechenden Geruch

Elementkategorie: Halogene
Aussehen: rotbraun (gasförmig)
Atommasse: 79,90 u

Aggregatzustand: flüssig
Schmelzpunkt: -7,3 °C
Siedepunkt: 58,5 °C
Dichte: 3,12 g/cm³

36
Kr

Name: Krypton
Symbol: Kr
griech: *kryptós (verborgen)*

Zählt zu den seltensten Elementen der Erde. Nur in der Atmosphäre zu finden.

Elementkategorie: Edelgas
Aussehen: farblos
Atommasse: 83,798 u

Aggregatzustand: gasförmig
Schmelzpunkt: -157,36 °C
Siedepunkt: -152 °C
Dichte: 3,7491 kg/m³

99,999% reines Selen

natürliches Arsen aus dem Erzgebirge in Sachsen

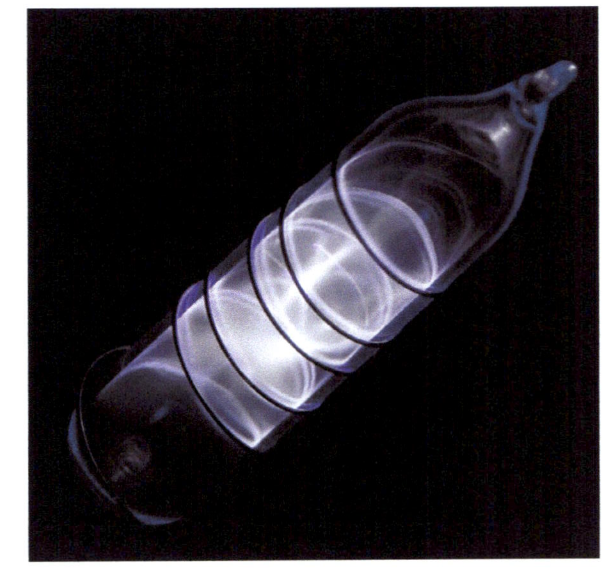

Bei der Ionisierung im Hochspannungs-Hochfrequenzfeld wird Krypton sichtbar.

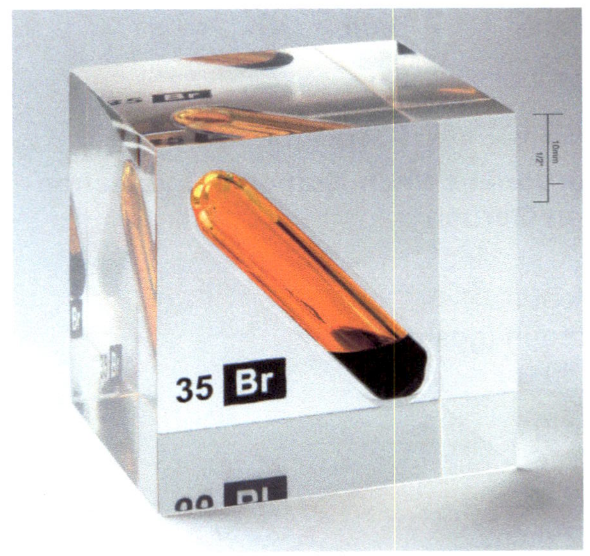

Eine Bromprobe, die zu Lehrzwecken als Anschauungs-material sicher ver-wahrt wird.

37

Rb

Name: Rubidium
Symbol: Rb
lat: *rubidus (tiefrot)*

Bei Luftkontakt entzündet sich Rubidium selbst.

Elementkategorie: Alkalimetalle
Aussehen: silbrig weiß
Atommasse: 85,468 u

Aggregatzustand: fest
Schmelzpunkt: 39,31 °C
Siedepunkt: 688 °C
Dichte: 1,532 g/cm³

38

Sr

Name: Strontium
Symbol: Sr

Benannt nach dem ersten Fundort Strontian in Schottland.

Elementkategorie: Erdalkalimetalle
Aussehen: silbrig weiß metallisch
Atommasse: 87,62 u

Aggregatzustand: fest
Schmelzpunkt: 777 °C
Siedepunkt: 1380 °C
Dichte: 2,63 g/cm³

39

Y

Name: Yttrium
Symbol: Y

Benannt nach dem ersten Fundort Grube Ytterby in Schweden.

Elementkategorie: Übergangsmetalle
Aussehen: silbrig weiß
Atommasse: 88,906 u

Aggregatzustand: fest
Schmelzpunkt: 1526 °C
Siedepunkt: 2930 °C
Dichte: 4,472 g/cm³

40

Zr

Name: Zirconium
Symbol: Zr

Benannt nach dem Zirkon, dem häufigsten Zirkonium-Mineral.

Elementkategorie: Übergangsmetalle
Aussehen: silbrig weiß
Atommasse: 91,224 u

Aggregatzustand: fest
Schmelzpunkt: 1857 °C
Siedepunkt: 4377 °C
Dichte: 6,501 g/cm³

Coelestin, ein Strontiummineral

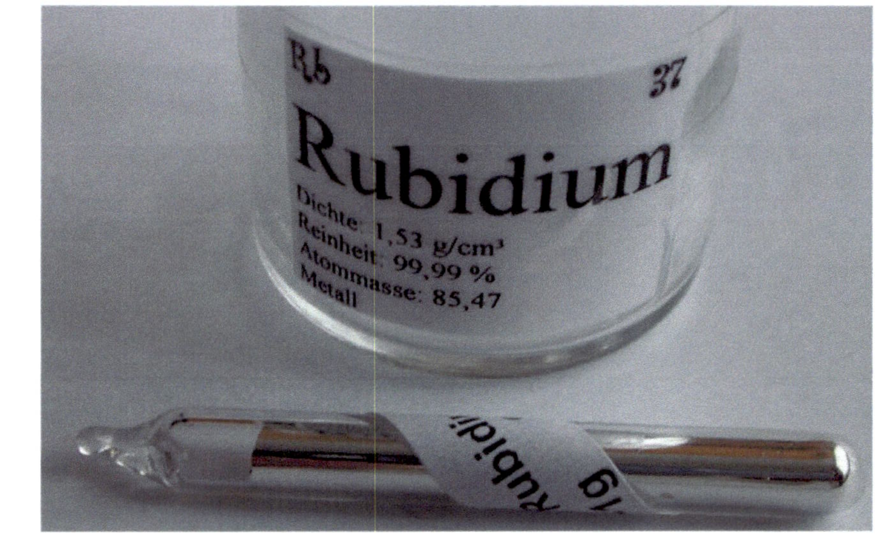

1g Rubidium in einer Ampulle
zur sicheren Aufbewahrung

kristalliner Zirkon

Yttrium

41 Nb

Name: Niob

Symbol: Nb

Benannt nach Niobe, der Tochter des Tantalos (griech. Mythologie).

Niob hieß bis 1950 Columbium (Cb)

Elementkategorie: Übergangsmetalle
Aussehen: grau metallisch glänzend
Atommasse: 92,906 u

Aggregatzustand: fest
Schmelzpunkt: 2477 °C
Siedepunkt: 4744 °C
Dichte: 8,57 g/cm³

42 Mo

Name: Molybdän

Symbol: Mo

griech: *molybdos (Blei)*

bekannt für seine hohe Temperaturbeständigkeit und Härte

Elementkategorie: Übergangsmetalle
Aussehen: grau metallisch
Atommasse: 95,95 u

Aggregatzustand: fest
Schmelzpunkt: 2623 °C
Siedepunkt: 4612 °C
Dichte: 10,28 g/cm³

43 Tc

Name: Technetium

Symbol: Tc

griech: *technētós (künstlich)*

das erste künstlich hergestellte Element

Elementkategorie: Übergangsmetalle
Aussehen: silbrig grau metallisch
Atommasse: 98,906 u

Aggregatzustand: fest
Schmelzpunkt: 2157 °C
Siedepunkt: 4265 °C
Dichte: 11,5 g/cm³

44 Ru

Name: Ruthenium

Symbol: Ru

lat: *Ruthenia (Russland)*

zählt zu den seltensten nicht-radioaktiven Elementen der Erde

Elementkategorie: Übergangsmetalle
Aussehen: silbrig weiß metallisch
Atommasse: 101,07 u

Aggregatzustand: fest
Schmelzpunkt: 2334 °C
Siedepunkt: 4150 °C
Dichte: 12,37 g/cm³

99,9% reines Molybdän

99,95% reines Niob

Ruthenium

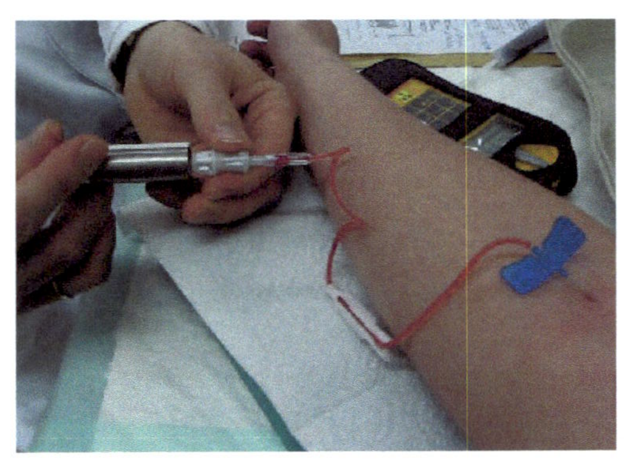

Technetium in der Nuklearmedizin

Die Spritze mit dem Radionuklid ^{99m}Tc zur Injektion ist von einer Abschirmung umgeben.

Uranerz enthält Spuren von Technetium

45 Rh

Name: Rhodium
Symbol: Rh
griech: *rhódeos (rosafarbig)*

zählt zu den teuersten Metallen überhaupt

Elementkategorie: Übergangsmetalle
Aussehen: silbrig weiß metallisch
Atommasse: 102,906 u

Aggregatzustand: fest
Schmelzpunkt: 1964 °C
Siedepunkt: 3727 °C
Dichte: 12,38 g/cm³

46 Pd

Name: Palladium
Symbol: Pd
griech: *pallas*

benannt nach dem zur gleichen Zeit entdeckten Asteroiden Pallas

Elementkategorie: Übergangsmetalle
Aussehen: silbrig, weiß, metallisch
Atommasse: 106,42 u

Aggregatzustand: fest
Schmelzpunkt: 1554,9 °C
Siedepunkt: 2960 °C
Dichte: 11,99 g/cm³

47 Ag

Name: Silber
Symbol: Ag
lat: *argentum (Silber)*

Das Edelmetall wird seit 7000 Jahren vom Menschen verarbeitet.

Elementkategorie: Übergangsmetalle
Aussehen: weißglänzend, metallisch
Atommasse: 107,868 u

Aggregatzustand: fest
Schmelzpunkt: 961,78 °C
Siedepunkt: 2210 °C
Dichte: 10,49 g/cm³

48 Cd

Name: Cadmium
Symbol: Cd
lat: *cadmia (Galmei)*

sehr selten (~ 0,00003% der Erdkruste)

Elementkategorie: Übergangsmetalle
Aussehen: silbergrau metallisch
Atommasse: 112,414 u

Aggregatzustand: fest
Schmelzpunkt: 321,07 °C
Siedepunkt: 765 °C
Dichte: 8,65 g/cm³

99,999% reines Palladium

ein Rhodiumstück (78g)

99,995% reines Cadmium

Silbernugget aus Liberia in Westafrika

49
In

Name: Indium
Symbol: In
benannt nach der indigoblauen Spektrallinie im Absorptionsspektrum
zählt zu den knappsten Rohstoffen

Elementkategorie: Metalle
Aussehen: silbrig glänzend grau
Atommasse: 114,818 u

Aggregatzustand: fest
Schmelzpunkt: 156,6 °C
Siedepunkt: 2000 °C
Dichte: 7,31 g/cm³

50
Sn

Name: Zinn
Symbol: Sn
lat: *stannum*
erste Nutzung des Menschen als Legierungsmittel mit Kupfer (= Bronze)

Elementkategorie: Metalle
Aussehen: silbrig glänzend (β-Zinn), grau (α-Zinn)
Atommasse: 118,710 u

Aggregatzustand: fest
Schmelzpunkt: 231,9 °C
Siedepunkt: 2620 °C
Dichte: 5,77 (α-Zinn) g/cm³
7,27 (β-Zinn) g/cm³

51
Sb

Name: Antimon
Symbol: Sb
lat: *stibium ((Grau-)Spießglanz)*
Das Verschlucken von rund 1g Antimon kann zum Tod führen.

Elementkategorie: Halbmetalle
Aussehen: silbrig glänzend
Atommasse: 121,76 u

Aggregatzustand: fest
Schmelzpunkt: 630,6 °C
Siedepunkt: 1635 °C
Dichte: 6,697 g/cm³

52
Te

Name: Tellur
Symbol: Te
lat: *tellus (Erde)*
mehr als 150 tellurhaltige Minerale sind bekannt

Elementkategorie: Halbmetalle
Aussehen: silberweiß, metallisch glänzend
Atommasse: 127,6 u

Aggregatzustand: fest
Schmelzpunkt: 449,5 °C
Siedepunkt: 990 °C
Dichte: 6,24 g/cm³

99,99% reines Zinn

99,995% reines Indium

99,99% reines Tellur

Antimon

53 **I**

Name: Iod
Symbol: I
griech: *ioeides (violett)*

Iodmangelernährung kann zur Kropfbildung führen

Elementkategorie: Halogene
Aussehen: violett (Gas), grauschwarz (Feststoff)
Atommasse: 126,904 u

Aggregatzustand: fest
Schmelzpunkt: 113,7 °C
Siedepunkt: 184 °C
Dichte: 4,94 g/cm³

54 **Xe**

Name: Xenon
Symbol: Xe
griech: *xénos (fremd)*

das seltenste nichtradioaktive Element der Erde

Elementkategorie: Edelgase
Aussehen: farblos
Atommasse: 131,293 u

Aggregatzustand: gasförmig
Schmelzpunkt: -111,7 °C
Siedepunkt: -108 °C
Dichte: 5,898 kg/m³

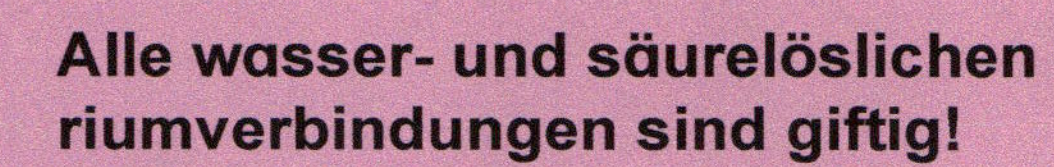

55 **Cs**

Name: Caesium
Symbol: Cs
lat: *caesius (himmelblau)*

Entzündet sich bei Kontakt mit Luft spontan selbst.

Elementkategorie: Alkalimetalle
Aussehen: silbrigweiß glänzend
Atommasse: 132,91 u

Aggregatzustand: fest
Schmelzpunkt: 28,44 °C
Siedepunkt: 690 °C
Dichte: 1,90 g/cm³

56 **Ba**

Name: Barium
Symbol: Ba
griech: *barýs (schwer)*

Alle wasser- und säurelöslichen Bariumverbindungen sind giftig!

Elementkategorie: Erdalkalimetalle
Aussehen: weiß-grau metallisch
Atommasse: 137,33 u

Aggregatzustand: fest
Schmelzpunkt: 727 °C
Siedepunkt: 1637 °C
Dichte: 3,62 g/cm³

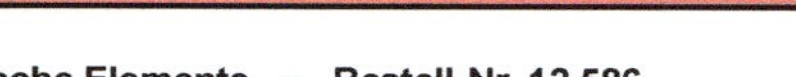

Xenon Leuchtmittel

medizinische Iodlösung

Kristall aus Bariumsulphat

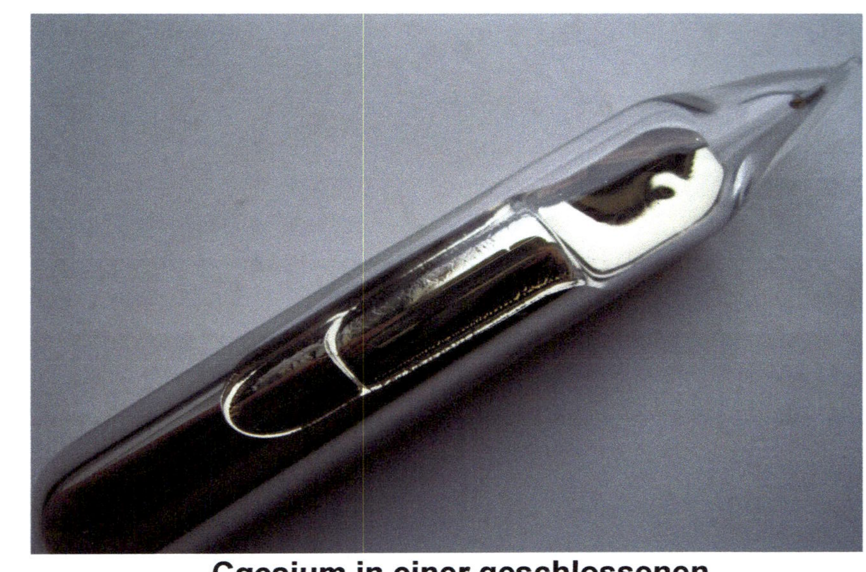

Caesium in einer geschlossenen
Ampulle unter Vakuum

57 **La**

Name: Lanthan
Symbol: La
griech: *lanthanein (verborgen sein)*

Lanthan kommt nur in chemischen Verbindungen mit Lanthanoiden vor.

Elementkategorie: Übergangsmetall
Aussehen: silbrig weiß
Atommasse: 138,91 u

Aggregatzustand: fest
Schmelzpunkt: 920 °C
Siedepunkt: 3470 °C
Dichte: 6,17 g/cm³

58 **Ce**

Name: Cer
Symbol: Ce
benannt nach dem Zwergplanet Ceres

Brände duch Cer dürfen nicht mit Wasser gelöscht werden!

Elementkategorie: Lanthanoide
Aussehen: silbrig weiß
Atommasse: 140,116 u

Aggregatzustand: fest
Schmelzpunkt: 795 °C
Siedepunkt: 3470 °C
Dichte: 6,773 g/cm³

59 **Pr**

Name: Praseodym
Symbol: Pr
griech: *prásinos (grün) und didymos (doppelt)*

weltweite Reserven ca. 4 Mio. Tonnen

Elementkategorie: Lanthanoide
Aussehen: silbrig weiß, gelblich
Atommasse: 140,91 u

Aggregatzustand: fest
Schmelzpunkt: 935 °C
Siedepunkt: 3130 °C
Dichte: 6,475 g/cm³

60 **Nd**

Name: Neodym
Symbol: Nd
griech: *neos (neu) didymos (doppelt)*

Nd-Fe-B-Legierungen werden als starke Permanentmagneten verwendet.

Elementkategorie: Lanthanoide
Aussehen: silbrigweiß, gelblich
Atommasse: 144,24 u

Aggregatzustand: fest
Schmelzpunkt: 1024 °C
Siedepunkt: 3030 °C
Dichte: 7,003 g/cm³

99,95% reines Cer

99,9% reines Lanthan

Magnet aus Neodym

Praseodym im Reagenzglas

61
Pm

Name: Promethium
Symbol: Pm
Name in Anlehnung an Prometheus
Durch die Entdeckung von Pm wurde die letzte Lücke im PSE geschlossen.

Elementkategorie: Lanthanoide
Aussehen: metallisch
Atommasse: 146,92 u

Aggregatzustand: fest
Schmelzpunkt: 1080 °C
Siedepunkt: 3000 °C
Dichte: 7,2 g/cm³

62
Sm

Name: Samarium
Symbol: Sm
benannt nach Wassili Samarski (RUS)
Das erste Element, das nach einer Person benannt wurde.

Elementkategorie: Lanthanoide
Aussehen: silbrig weiß
Atommasse: 150,36 u

Aggregatzustand: fest
Schmelzpunkt: 1072 °C
Siedepunkt: 1900 °C
Dichte: 7,536 g/cm³

63
Eu

Name: Europium
Symbol: Eu
benannt nach dem Kontinent Europa
Die Eu-Fluoreszenz soll die Euro-Banknoten vor Fälschungen schützen.

Elementkategorie: Lanthanoide
Aussehen: silbrig weiß
Atommasse: 151,69 u

Aggregatzustand: fest
Schmelzpunkt: 826 °C
Siedepunkt: 1440 °C
Dichte: 5,245 g/cm³

64
Gd

Name: Gadolinium
Symbol: Gd
benannt nach Johan Gadolin (S)
Gd-haltige Kontrastmittel werden beim MRT intravenös verabreicht.

Elementkategorie: Lanthanoide
Aussehen: silbrig weiß
Atommasse: 157,25 u

Aggregatzustand: fest
Schmelzpunkt: 1312 °C
Siedepunkt: 3000 °C
Dichte: 7,886 g/cm³

99,9% reines Samarium

Skizze der Atomhülle des Promethium

99,9% reines Gadolinium

Europium

65
Tb

Name: Terbium
Symbol: Tb
benannt nach dem Fundort Grube Ytterby
Tb und Tb-Verbindungen sind leicht toxisch.

Elementkategorie: Lanthanoide
Aussehen: silbrig weiß
Atommasse: 158,93 u

Aggregatzustand: fest
Schmelzpunkt: 1356 °C
Siedepunkt: 3123 °C
Dichte: 8,253 g/cm³

66
Dy

Name: Dysprosium
Symbol: Dy
griech: *δυσπρόσιτος (unzugänglich)*
keine nennenswerte wirtschaftliche oder technische Bedeutung

Elementkategorie: Lanthanoide
Aussehen: silbrig weiß
Atommasse: 162,5 u

Aggregatzustand: fest
Schmelzpunkt: 1407 °C
Siedepunkt: 2600 °C
Dichte: 8,559 g/cm³

67
Ho

Name: Holmium
Symbol: Ho
vermutlich benannt nach Stockholm
Für Holmium ist keine biologische Funktion bekannt.

Elementkategorie: Lanthanoide
Aussehen: silbrig weiß
Atommasse: 164,93 u

Aggregatzustand: fest
Schmelzpunkt: 1461 °C
Siedepunkt: 2600 °C
Dichte: 8,78 g/cm³

68
Er

Name: Erbium
Symbol: Er
benannt nach dem Fundort Grube Ytterby
Seltenes Element, das in Reinform in der Natur nicht vorkommt.

Elementkategorie: Lanthanoide
Aussehen: silbrig weiß
Atommasse: 167,26 u

Aggregatzustand: fest
Schmelzpunkt: 1529 °C
Siedepunkt: 2900 °C
Dichte: 9,045 g/cm³

99,93% reines Dysprosium

99,95% reines Terbium

99,9% reines Erbium

99,9% reines Holmium

69 **Tm**	
Name:	Thulium
Symbol:	Tm

benannt nach Thule, einer Insel am Rand der Welt (nord. Mythologie)

das seltenste Metall der seltenen Erden

Elementkategorie:	Lanthanoide
Aussehen:	silbrig grau
Atommasse:	168,93 u
Aggregatzustand:	fest
Schmelzpunkt:	1545 °C
Siedepunkt:	1950 °C
Dichte:	9,318 g/cm³

70 **Yb**	
Name:	Ytterbium
Symbol:	Yb

benannt nach dem Fundort Grube Ytterby

keine nennenswerte wirtschaftliche oder technische Bedeutung

Elementkategorie:	Lanthanoide
Aussehen:	silbrig weiß
Atommasse:	173,0 u
Aggregatzustand:	fest
Schmelzpunkt:	824 °C
Siedepunkt:	1430 °C
Dichte:	6,973 g/cm³

71 **Lu**	
Name:	Lutetium
Symbol:	Lu

benannt nach Paris (früher Lutetia)

keine wirtschafltiche Bedeutung

Elementkategorie:	Lanthanoide
Aussehen:	silbrig weiß
Atommasse:	174,97 u
Aggregatzustand:	fest
Schmelzpunkt:	1652 °C
Siedepunkt:	3330 °C
Dichte:	9,84 g/cm³

72 **Hf**	
Name:	Hafnium
Symbol:	Hf

benannt nach Kopenhagen (früher Hafnia)

Hafnium kristallisiert in einem hexagonal-dichten Metallgitter

Elementkategorie:	Übergangsmetalle
Aussehen:	stahlgrau
Atommasse:	178,49 u
Aggregatzustand:	fest
Schmelzpunkt:	2233 °C
Siedepunkt:	4603 °C
Dichte:	13,28 g/cm³

99,9% reines Ytterbium

99,9% reines Thulium

99,9% reines Hafnium

99,95% reines Lutetium

73
Ta

Name: Tantal

Symbol: Ta

benannt nach Tantalos (gr. Mythologie)

Ungiftig und inert, wird daher für Implantate und Knochennägel genutzt.

Elementkategorie: Übergangsmetalle
Aussehen: grau
Atommasse: 180,95 u

Aggregatzustand: fest
Schmelzpunkt: 3017 °C
Siedepunkt: 5420 °C
Dichte: 16,65 g/cm³

74
W

Name: Wolfram

Symbol: W

lat: *lupi spuma (Wolfsschaum)*

das Element mit dem höchsten Schmelz- und Siedepunkt

Elementkategorie: Übergangsmetalle
Aussehen: gräulich weiß, glänzend
Atommasse: 183,84 u

Aggregatzustand: fest
Schmelzpunkt: 3422 °C
Siedepunkt: 5930 °C
Dichte: 19,25 g/cm³

75
Re

Name: Rhenium

Symbol: Re

lat: *Rhenus (Rhein)*

in Pulverform ist Rhenium entzündbar

Elementkategorie: Übergangsmetalle
Aussehen: gräulich weiß
Atommasse: 186,21 u

Aggregatzustand: fest
Schmelzpunkt: 3186 °C
Siedepunkt: 5630 °C
Dichte: 21,0 g/cm³

76
Os

Name: Osmium

Symbol: Os

griech: *osmē (Geruch, Gestank)*

Osmium verströmt einen Geruch, der an Rettich erinnert (=> Name).

Elementkategorie: Übergangsmetalle
Aussehen: bläulich grau
Atommasse: 190,23 u

Aggregatzustand: fest
Schmelzpunkt: 3130 °C
Siedepunkt: 5000 °C
Dichte: 22,59 g/cm³

Wolfram

99,95% reines Tantal

99,99% reines Osmium

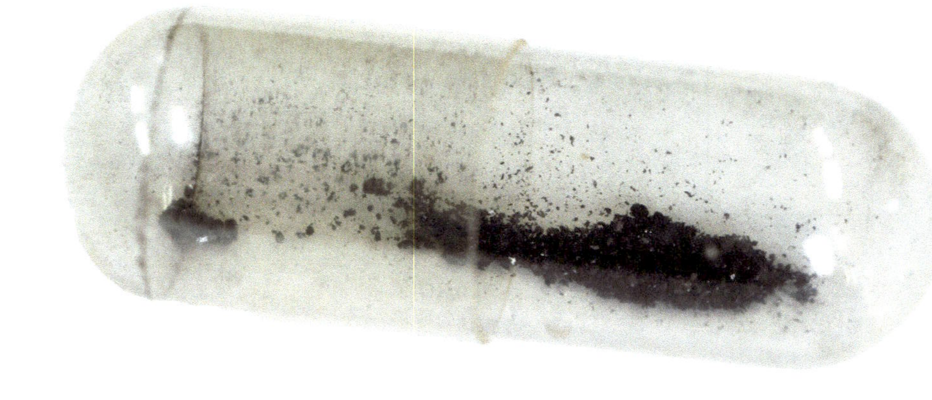

Reines Rhenium in einer
2 cm langen Kapsel.

77 Ir

Name: Iridium
Symbol: Ir
griech: *irio-eides (regenbogenartig)*

gilt als korrosionsbeständigstes Element überhaupt

Elementkategorie: Übergangsmetalle
Aussehen: silbrig weiß
Atommasse: 192,22 u

Aggregatzustand: fest
Schmelzpunkt: 2466 °C
Siedepunkt: 4130 °C
Dichte: 22,56 g/cm³

78 Pt

Name: Platin
Symbol: Pt
span: *plata (Silber)*

wegen Haltbarkeit, Anlaufbeständigkeit und Seltenheit für Schmuck geeignet

Elementkategorie: Übergangsmetalle
Aussehen: grau-weiß
Atommasse: 195,08 u

Aggregatzustand: fest
Schmelzpunkt: 1768,3 °C
Siedepunkt: 3827 °C
Dichte: 21,45 g/cm³

79 Au

Name: Gold
Symbol: Au
lat: *aurum*

globaler Anteil in der Erdkruste: 4 ppb (= 4 Gramm pro 1000 Tonnen Gestein)

Elementkategorie: Übergangsmetalle
Aussehen: metallisch gelb
Atommasse: 196,97 u

Aggregatzustand: fest
Schmelzpunkt: 1064,18 °C
Siedepunkt: 2970 °C
Dichte: 19,3 g/cm³

80 Hg

Name: Quecksilber
Symbol: Hg
griech: *hydrargyros (flüssiges Silber)*

Das einzige Metall, das bei Standardbedingungen flüssig ist.

Elementkategorie: Übergangsmetalle
Aussehen: silbrig weiß
Atommasse: 200,59 u

Aggregatzustand: flüssig
Schmelzpunkt: -38,83 °C
Siedepunkt: 357 °C
Dichte: 13,55 g/cm³

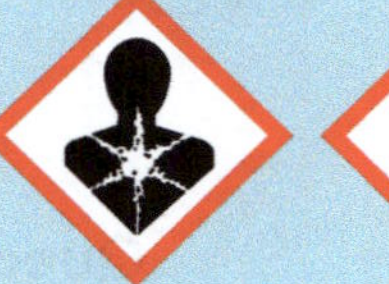

Platinnugget (0,6g) aus Alaska

Iridium 8,3 g lichtbogengeschmolzen

Quecksilber, das flüssige Metall

Goldnugget (1,05 g) aus Mali

81
Tl

Name: Thallium
Symbol: Tl
griech: *thallós (grüner Zweig)*
äußerst giftig

Elementkategorie: Metalle
Aussehen: silbrig weiß
Atommasse: 204,38 u

Aggregatzustand: fest
Schmelzpunkt: 304 °C
Siedepunkt: 1460 °C
Dichte: 11,85 g/cm³

82
Pb

Name: Blei
Symbol: Pb
lat: *plumbum (bleiern, stumpf)*
Seit über 8000 Jahren nutzen Menschen nachweislich Blei.

Elementkategorie: Metalle
Aussehen: bläulich weiß
Atommasse: 207,2 u

Aggregatzustand: fest
Schmelzpunkt: 327,43 °C
Siedepunkt: 1744 °C
Dichte: 11,34 g/cm³

83
Bi

Name: Bismut
Symbol: Bi
griech: *psimýthion (Bleiweiß)*
Das supraleitende Material mit der geringsten Ladungsträgerdichte.

Elementkategorie: Metalle
Aussehen: glänzend silberweiß
Atommasse: 208,98 u

Aggregatzustand: fest
Schmelzpunkt: 271,3 °C
Siedepunkt: 1560 °C
Dichte: 9,78 g/cm³

84
Po

Name: Polonium
Symbol: Po
lat: *Polonia (Polen)*
Polonium kommt im Zigarettenrauch vor und verursacht Karzinome.

Elementkategorie: Metalle
Aussehen: silbrig
Atommasse: 209,98 u

Aggregatzustand: flüssig
Schmelzpunkt: 254 °C
Siedepunkt: 962 °C
Dichte: 9,196 g/cm³

gediegens Blei

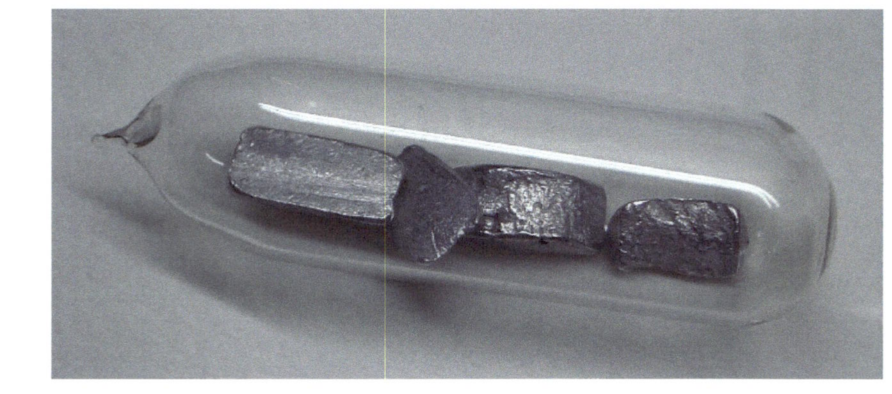

Thallium wird wegen seiner Luftempfindlichkeit unter Argon aufbewahrt.

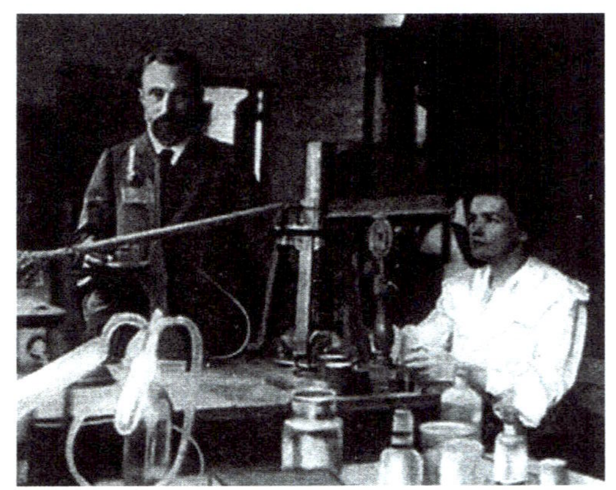

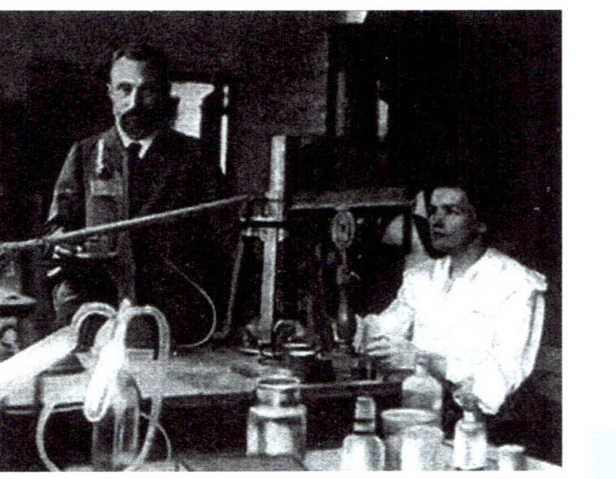

Pierre Curie und Marie Skłodowska-Curie in ihrem Labor

gediegenes Bismut, Kanada

85
At

Name: Astat
Symbol: At
griech: *ἄστατος (unbeständig sein)*

Astat entsteht beim natürlichen Zerfall von Uran.

Elementkategorie: Halogene
Aussehen: metallisch
Atommasse: 209,99 u

Aggregatzustand: fest
Schmelzpunkt: 302 °C
Siedepunkt: 337 °C
Dichte: 8,75 g/cm³

86
Rn

Name: Radon
Symbol: Rn
lat: *radius (Strahl) • wie Ra*

Der Nobelpreisträger Ernest Rutherford gilt als Entdecker des Radons (1899).

Elementkategorie: Edelgas
Aussehen: farblos
Atommasse: 222 u

Aggregatzustand: gasförmig
Schmelzpunkt: -71 °C
Siedepunkt: -61,8 °C
Dichte: 9,73 kg/m³

87
Fr

Name: Francium
Symbol: Fr
benannt nach Frankreich

Sehr instabil. Das langlebigste Isotop hat eine Halbwertszeit von ca. 22 min.

Elementkategorie: Alkalimetalle
Aussehen: unbekannt
Atommasse: 223,02 u

Aggregatzustand: fest
Schmelzpunkt: 25 °C
Siedepunkt: 677 °C
Dichte: 1,87 g/cm³

88
Ra

Name: Radium
Symbol: Ra
lat: *radius (Strahl) • wie Rn*

Radium galt früher als gesundheitsfördernd. Es gab sogar Radiumbäder.

Elementkategorie: Erdalkalimetalle
Aussehen: silbrig weiß metallisch
Atommasse: 226,03 u

Aggregatzustand: fest
Schmelzpunkt: 700 °C
Siedepunkt: 1737 °C
Dichte: 5,5 g/cm³

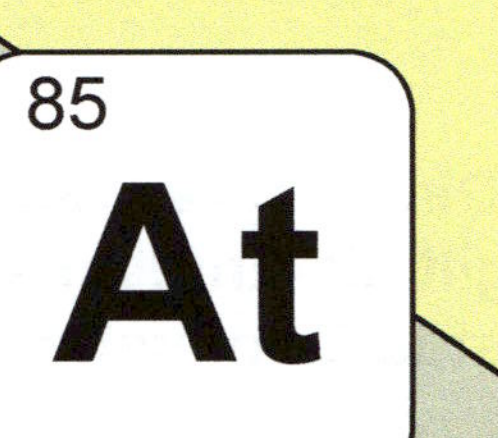

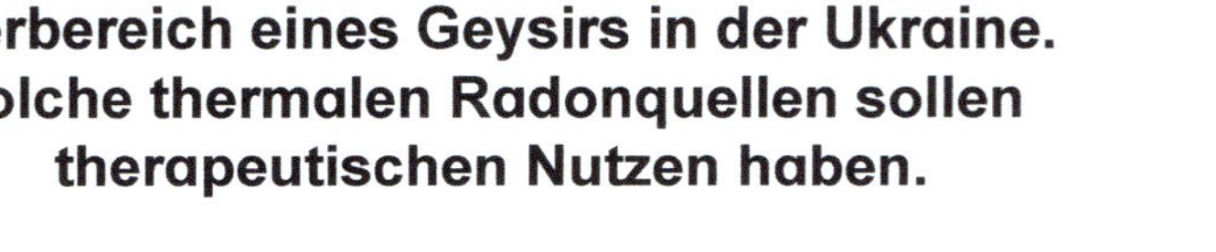

Uferbereich eines Geysirs in der Ukraine. Solche thermalen Radonquellen sollen therapeutischen Nutzen haben.

Einer solchen heißen Quelle mit radiumhaltigem Wasser wird therapeutischer Nutzen nachgesagt.

Emilio Gino Segrè (1905-1989) gilt als Entdecker des Astat. Zwar waren schon zuvor verschiedene Wissenschaftler dem Astat auf der Spur, aber erst Segrè gelang durch Beschuss von Bismut mit Alphateilchen die künstliche Herstellung von Astat.

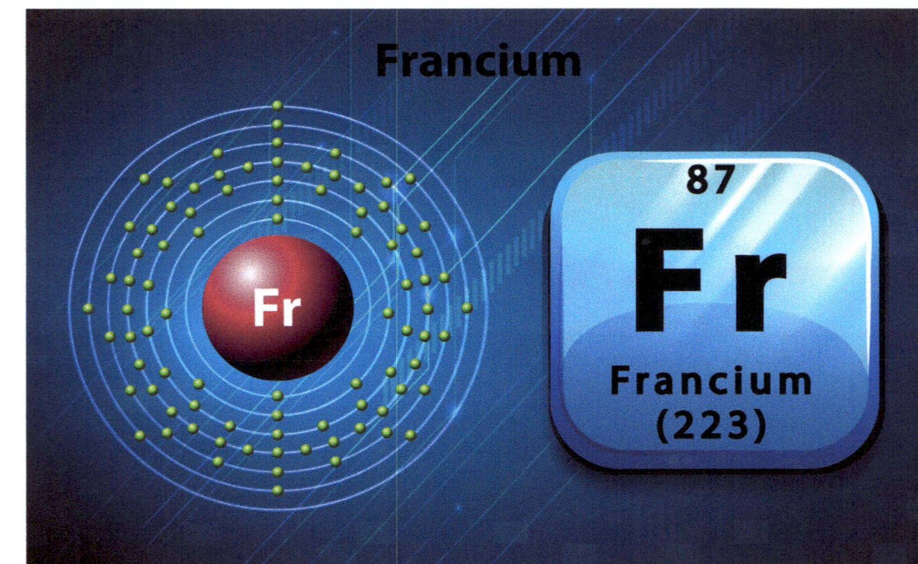

Bislang ist das Aussehen von Francium unbekannt.

89
Ac

Name: Actinium
Symbol: Ac
griech: *aktís (Strahl)*

Aufgrund der hohen Radioaktivität leuchtet Actinium im Dunkeln hellblau.

Elementkategorie: Übergangsmetalle
Aussehen: silbrig
Atommasse: 227,03 u

Aggregatzustand: fest
Schmelzpunkt: 1050 °C
Siedepunkt: 3300 °C
Dichte: 10,07 g/cm³

90
Th

Name: Thorium
Symbol: Th
benannt nach Thor (german. Mythologie)

Thorium ist polymorph mit zwei bekannten Erscheinungsformen.

Elementkategorie: Actinoide
Aussehen: silbrig weiß
Atommasse: 132,04 u

Aggregatzustand: fest
Schmelzpunkt: 1755 °C
Siedepunkt: 4788 °C
Dichte: 11,724 g/cm³

91
Pa

Name: Protactinium/Proto-actinium
Symbol: Pa
griech: *prõtos (erster)*

Pa ist supraleitend unterhalb einer Temperatur von -271,75 °C.

Elementkategorie: Actinoide
Aussehen: hell, silbrig, metallisch glänzend
Atommasse: 231,04 u

Aggregatzustand: fest
Schmelzpunkt: 1568 °C
Siedepunkt: 4027 °C
Dichte: 15,37 g/cm³

92
U

Name: Uran
Symbol: U
benannt nach dem Planeten Uranus

Das Isotop ^{235}U ist als Kernwaffenenergieträger von besonderer Bedeutung.

Elementkategorie: Actinoide
Aussehen: silbrig weiß
Atommasse: 238,03 u

Aggregatzustand: fest
Schmelzpunkt: 1133 °C
Siedepunkt: 3930 °C
Dichte: 19,16 g/cm³

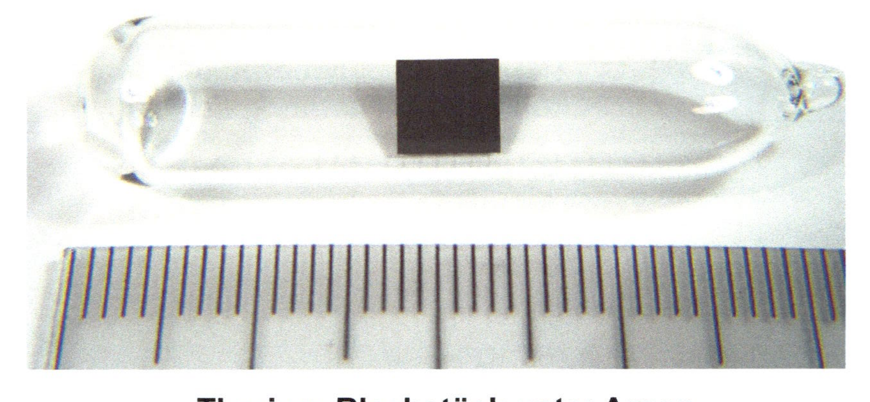

Thorium-Blechstück unter Argon in einer Glasampulle, ca. 0,1 g

Uranerz (Peckblende) aus einer Lagerstätte in Sachsen

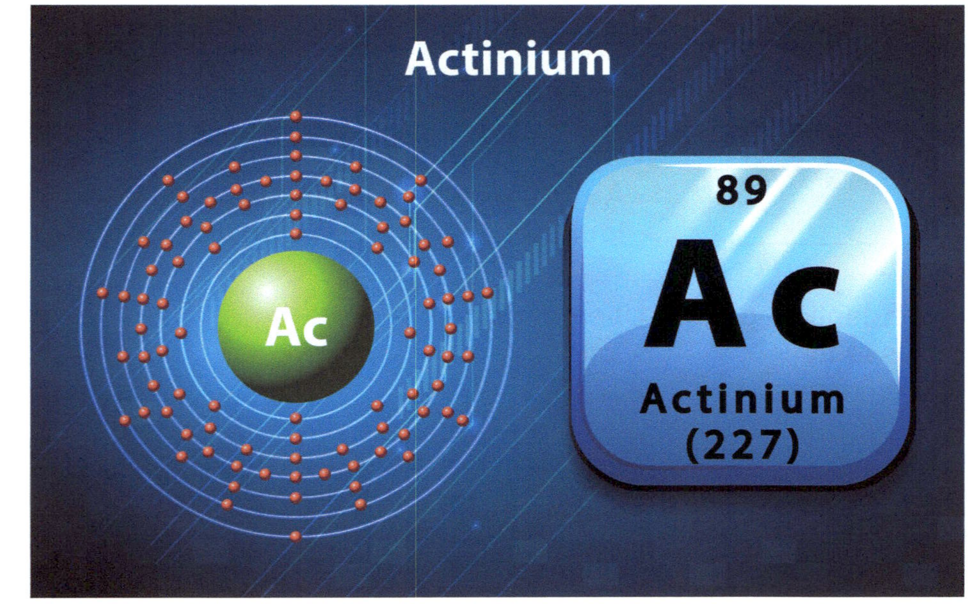

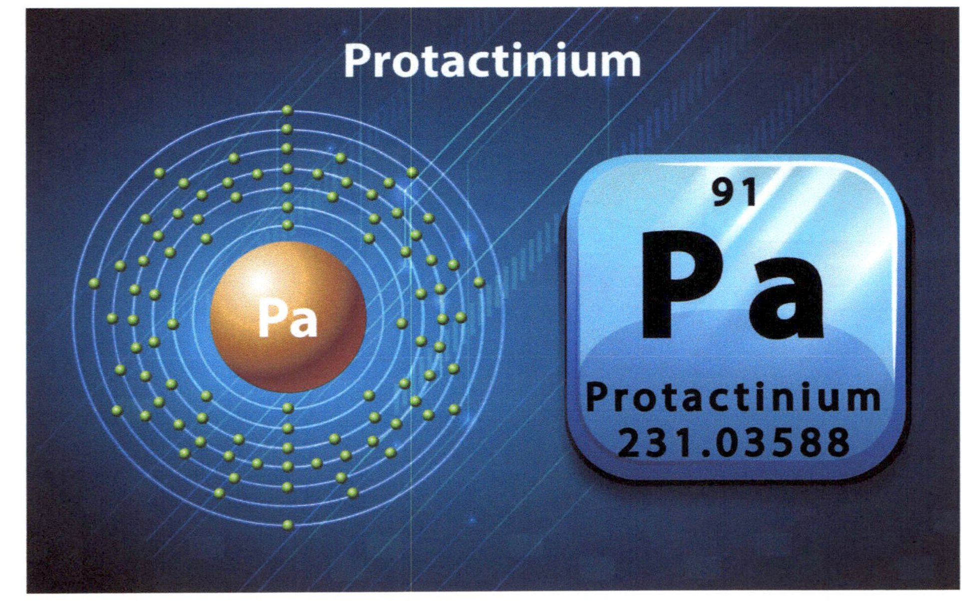

93

Np

Name: Neptunium

Symbol: Np

benannt nach dem Planeten Neptun

Np kommt (bis auf kleinste Spuren) auf der Erde nicht mehr natürlich vor.

Elementkategorie: Actinoide
Aussehen: silbrig
Atommasse: 237,05 u

Aggregatzustand: fest
Schmelzpunkt: 639 °C
Siedepunkt: 3902 °C
Dichte: 20,45 g/cm³

94

Pu

Name: Plutonium

Symbol: Pu

benannt nach dem Zwergplaneten Pluto

Pu hat die höchste Ordnungszahl aller natürlich vorkommenden Elemente.

Elementkategorie: Actinoide
Aussehen: silbrig
Atommasse: 244,06 u

Aggregatzustand: fest
Schmelzpunkt: 639,4 °C
Siedepunkt: 3230 °C
Dichte: 19,82 g/cm³

95

Am

Name: Americium

Symbol: Am

benannt nach dem Kontinent Amerika

Das Isotop ^{241}Am hat eine Halbwertszeit von über 432 Jahren.

Elementkategorie: Actinoide
Aussehen: silbrig weiß
Atommasse: 243,06 u

Aggregatzustand: fest
Schmelzpunkt: 1176 °C
Siedepunkt: 2607 °C
Dichte: 13,67 g/cm³

96

Cm

Name: Curium

Symbol: Cm

benannt nach dem Forscherpaar Curie

Curium ist ein starker α-Strahler.

Elementkategorie: Actinoide
Aussehen: silbrig weiß
Atommasse: 247,07 u

Aggregatzustand: fest
Schmelzpunkt: 1340 °C
Siedepunkt: 3110 °C
Dichte: 13,51 g/cm³

Solche baugleichen „Fat-Man“-Atombomben wurden 1945 auf Japan abgeworfen. Enthalten waren ca. 6,2 kg Plutonium-Legierung als Spaltmaterial.

Neptunium in den Oxidationsstufen +3 bis +7 in wässriger Lösung.

Der US-Amerikaner Glenn T. Seaborg (1912-1999) gilt als Entdecker des Curiums.

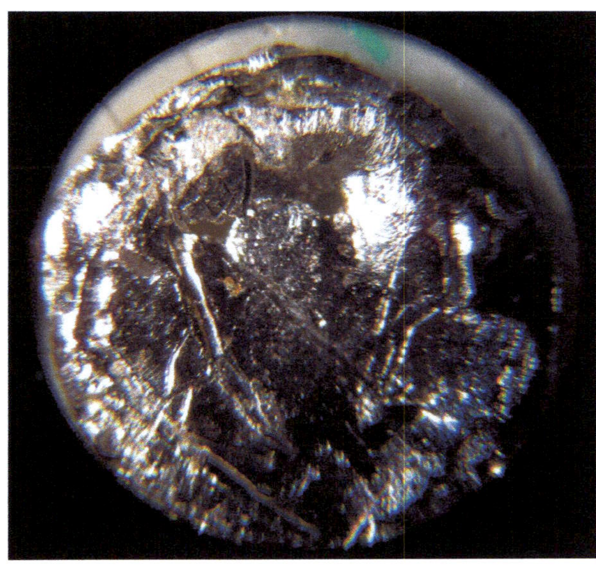

^{241}Am Probe unter dem Mikroskop

97
Bk

Name: Berkelium

Symbol: Bk

benannt nach der Stadt Berkeley (USA)

wurde 1949 erstmals künstlich erzeugt

Elementkategorie: Actinoide
Aussehen: silberweiß
Atommasse: 247 u

Aggregatzustand: fest
Schmelzpunkt: 986 °C
Siedepunkt: 2627 °C
Dichte: 14,78 g/cm³

98
Cf

Name: Californium

Symbol: Cf

benannt nach Kalifornien (USA)

wurde 1950 erstmals künstlich erzeugt

Elementkategorie: Actinoide
Aussehen: silbrig
Atommasse: 251 u

Aggregatzustand: fest
Schmelzpunkt: 900 °C
Siedepunkt: 1472 °C
Dichte: 15,1 g/cm³

99
Es

Name: Einsteinium

Symbol: Es

benannt zu Ehren Albert Einsteins

Wurde 1952 nach den Tests mit Wasserstoffbomben erstmals entdeckt.

Elementkategorie: Actinoide
Aussehen: silbrig
Atommasse: 252 u

Aggregatzustand: fest
Schmelzpunkt: 860 °C
Siedepunkt: 996 °C
Dichte: 8,84 g/cm³

100
Fm

Name: Fermium

Symbol: Fm

benannt zu Ehren Enrico Fermis

Wurde 1952 nach den Tests mit Wasserstoffbomben erstmals entdeckt.

Elementkategorie: Actinoide
Aussehen: unbekannt
Atommasse: 257,09 u

Aggregatzustand: fest
Schmelzpunkt: 1527 °C
Siedepunkt: unbekannt
Dichte: 13,5 g/cm³

Mit einem solchen Teilchenbeschleuniger (60-Zoll-Cyclotron) kamen Wissenschaftler dem Californium erstmals auf die Spur.

Berkelium verdankt seinen Namen der Universität von Berkeley in Kalifonrien (USA).

Fermium verdankt seinen Namen dem italienischen Physiker Enrico Fermi (1901-1954).

Einsteinium verdankt seinen Namen dem deutschen Physiker Albert Einstein (1879-1855).

101
Md

Name: Mendelevium
Symbol: Md
benannt nach Dmitri Mendelejew (RUS)
wurde 1955 erstmals entdeckt

Elementkategorie: Actinoide
Aussehen: unbekannt
Atommasse: 258 u

Aggregatzustand: fest
Schmelzpunkt: 827 °C
Siedepunkt: unbekannt
Dichte: 10,37 g/cm³

102
No

Name: Nobelium
Symbol: No
benannt nach Alfred Nobel
wurde 1957 erstmals entdeckt

Elementkategorie: Actinoide
Aussehen: unbekannt
Atommasse: 259 u

Aggregatzustand: fest
Schmelzpunkt: 827 °C
Siedepunkt: unbekannt °C
Dichte: 9,9 g/cm³

103
Lr

Name: Lawrencium
Symbol: Lr
benannt nach Ernest Lawrence
wurde 1961 erstmals entdeckt

Elementkategorie: Actinoide
Aussehen: unbekannt
Atommasse: 262 u

Aggregatzustand: fest
Schmelzpunkt: unbekannt
Siedepunkt: unbekannt
Dichte: unbekannt

104
Rf

Name: Rutherfordium
Symbol: Rf
benannt nach Ernest Rutherford
wurde 1964 erstmals entdeckt

Elementkategorie: Übergangsmetalle
Aussehen: unbekannt, vermutlich silber-weiß oder grau metallisch
Atommasse: 261,11 u

Aggregatzustand: vermutlich fest
Schmelzpunkt: 2100 °C
Siedepunkt: 5500 °C
Dichte: 17 g/cm³

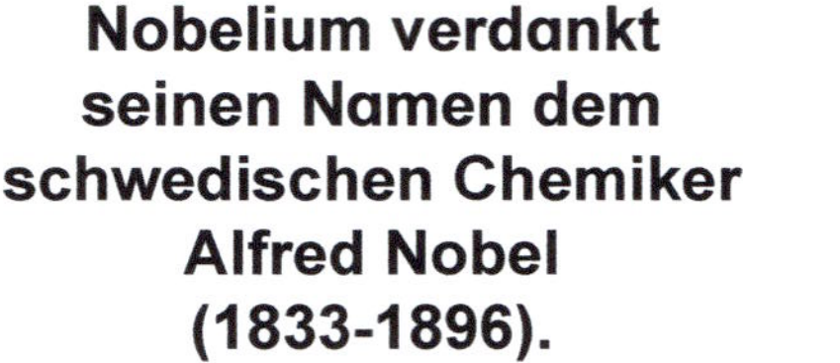

Nobelium verdankt seinen Namen dem schwedischen Chemiker Alfred Nobel (1833-1896).

Mendelevium verdankt seinen Namen dem russischen Chemiker Dmitri Iwanowitsch Mendelejew (1834-1907).

Rutherfordium verdankt seinen Namen dem neuseeländischen Physiker Ernest Rutherford (1871-1937).

Lawrencium verdankt seinen Namen dem US-amerikanischen Physiker Ernest Lawrence (1901-1958).

105
Db

Name: Dubnium
Symbol: Dd
benannt nach dem Kernforschungszentrum Dubna in Russland
wurde 1967 erstmals entdeckt

Elementkategorie: Übergangsmetalle
Aussehen: unbekannt
Atommasse: 262,11 u
Aggregatzustand: fest
Schmelzpunkt: unbekannt
Siedepunkt: unbekannt
Dichte: 29,3 g/cm³

106
Sg

Name: Seaborgium
Symbol: Sg
benannt nach Glenn T. Seaborg
wurde 1974 erstmals entdeckt

Elementkategorie: Übergangsmetalle
Aussehen: unbekannt
Atommasse: 263,12 u
Aggregatzustand: fest
Schmelzpunkt: ca. 2900 °C
Siedepunkt: ca. 6500 °C
Dichte: unbekannt

107
Bh

Name: Bohrium
Symbol: Bh
benannt nach Niels Bohr
wurde 1976 erstmals entdeckt

Elementkategorie: Übergangsmetalle
Aussehen: unbekannt
Atommasse: 262,12 u
Aggregatzustand: fest
Schmelzpunkt: unbekannt
Siedepunkt: unbekannt
Dichte: unbekannt

108
Hs

Name: Hassium
Symbol: Hs
lat. Hassia (Hessen)
wurde 1984 erstmals entdeckt

Elementkategorie: Übergangsmetalle
Aussehen: unbekannt
Atommasse: 265 u
Aggregatzustand: fest
Schmelzpunkt: unbekannt
Siedepunkt: unbekannt
Dichte: unbekannt

Seaborgium verdankt seinen Namen dem US-amerikanischen Chemiker und Physiker Glenn T. Seaborg (1833-1896).

Dubnium verdankt seinen Namen dem russischen Chemiker Dmitri Iwanowitsch Mendelejew (1834-1907).

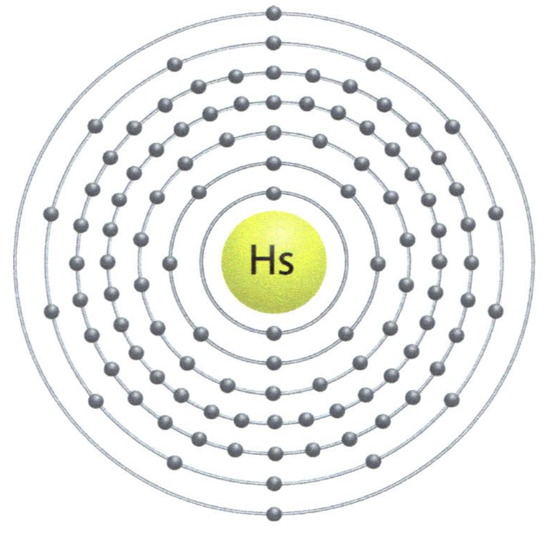

Bohrium verdankt seinen Namen dem dänischen Physiker Niels Bohr (1885-1962).

109

Mt

Name: Meitnerium
Symbol: Mt
benannt nach Lise Meitner
wurde 1982 erstmals entdeckt

Elementkategorie: nicht festgelegt
Aussehen: unbekannt
Atommasse: 268 u

Aggregatzustand: fest
Schmelzpunkt: unbekannt
Siedepunkt: unbekannt
Dichte: unbekannt

110

Ds

Name: Darmstadtium
Symbol: Ds
benannt nach Darmstadt
wurde 1994 erstmals entdeckt

Elementkategorie: nicht festgelegt
Aussehen: unbekannt
Atommasse: 281 u

Aggregatzustand: fest
Schmelzpunkt: unbekannt
Siedepunkt: unbekannt
Dichte: unbekannt

111

Rg

Name: Roentgenium
Symbol: Rg
benannt nach Wilhelm C. Röntgen
wurde 1994 erstmals entdeckt

Elementkategorie: nicht festgelegt
Aussehen: unbekannt
Atommasse: 280 u

Aggregatzustand: fest
Schmelzpunkt: unbekannt
Siedepunkt: unbekannt
Dichte: unbekannt

112

Cn

Name: Copernicium
Symbol: Cn
benannt nach Nikolaus Kopernikus
wurde 1996 erstmals entdeckt

Elementkategorie: Übergangsmetalle
Aussehen: unbekannt
Atommasse: 277 u

Aggregatzustand: fest
Schmelzpunkt: unbekannt
Siedepunkt: unbekannt
Dichte: unbekannt

Darmstadt ist die einzige deutsche Stadt, nach der ein Element benannt ist. Im Jahr 2007 eröffnete das Wissenschafts- und Kongresszentrum in Darmstadt mit dem Namen *darmstadtium*

Meitnerium verdankt seinen Namen der österreichischen Physikerin Lise Meitner (1878-1968).

Copernicium verdankt seinen Namen dem Astronom und Arzt Nikolaus Kopernikus (1473-1543).

Roentgenium verdankt seinen Namen dem deutschen Physiker Wilhelm Conrad Röntgen (1845-1923).

113
Nh

Name: Nihonium
Symbol: Nh
benannt nach Japan (Nihon)
Hieß bis 2016 noch Ununtrium und hatte das Elementzeichen Uut.

Elementkategorie:	nicht festgelegt
Aussehen:	unbekannt
Atommasse:	~ 287 u
Aggregatzustand:	fest
Schmelzpunkt:	430 °C
Siedepunkt:	1100 °C
Dichte:	unbekannt

114
Fl

Name: Flerovium
Symbol: Fl
benannt nach Georgi Fljorow
wurde 1999 erstmals erzeugt

Elementkategorie:	nicht festgelegt
Aussehen:	unbekannt
Atommasse:	289 u
Aggregatzustand:	fest
Schmelzpunkt:	70 °C
Siedepunkt:	150 °C
Dichte:	unbekannt

115
Mc

Name: Moscovium
Symbol: Mc
benannt nach Moskau
Hieß bis 2016 noch Ununpentium und hatte das Elementzeichen Uup.

Elementkategorie:	nicht festgelegt
Aussehen:	unbekannt
Atommasse:	288 u
Aggregatzustand:	fest
Schmelzpunkt:	400 °C
Siedepunkt:	1100 °C
Dichte:	unbekannt

116
Lv

Name: Livermorium
Symbol: Lv
benannt nach der Stadt Livermore (USA)
Hieß bis 2012 noch Ununhexium und hatte das Elementzeichen Uuh.

Elementkategorie:	unbekannt
Aussehen:	unbekannt
Atommasse:	293 u
Aggregatzustand:	fest
Schmelzpunkt:	unbekannt
Siedepunkt:	unbekannt
Dichte:	unbekannt

Anlässlich des 100. Geburtstages des russichen Forschers Georgi Nikolajewitsch Fljorow im Jahr 2013 wurde diese russische Sondermarke veröffentlicht.

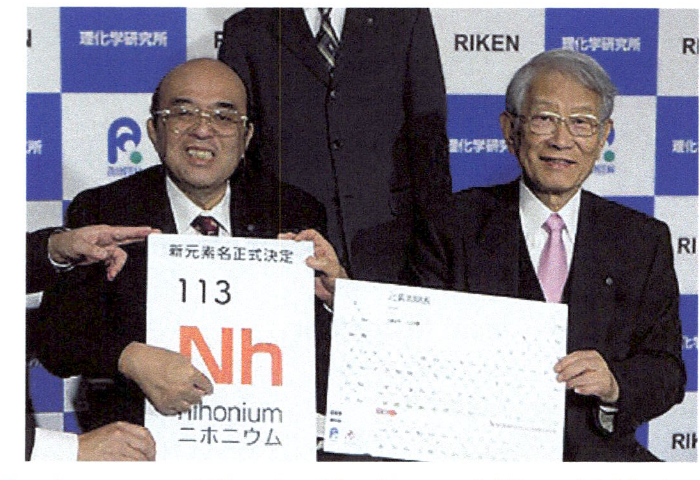

Die Professoren Kōsuke Morita und Hiroshi Matsumoto bei der offiziellen Namensbekanntgabe im Dezember 2016. Nihonium ist das erste Element, das in Asien offiziell benannt werden durfte.

Luftaufnahme des Lawrence Livermore National Laboratory im kalifornischen Livermore (USA)

117

Ts

Name: Tenness

Symbol: Ts

benannt nach dem US-Staat Tennessee

Hieß bis 2016 noch Ununseptium und hatte das Elementzeichen Uus.

Elementkategorie:	nicht festgelegt
Aussehen:	unbekannt
Atommasse:	292 u
Aggregatzustand:	fest
Schmelzpunkt:	unbekannt
Siedepunkt:	unbekannt
Dichte:	unbekannt

118

Og

Name: Oganesson

Symbol: Og

benannt nach Juri Oganesjan

Hieß bis 2016 noch Ununoctium und hatte das Elementzeichen Uuo.

Elementkategorie:	nicht festgelegt
Aussehen:	unbekannt
Atommasse:	294 u
Aggregatzustand:	fest
Schmelzpunkt:	unbekannt
Siedepunkt:	unbekannt
Dichte:	unbekannt

Legende

Serie (Flächenfarbe)

Alkalimetalle	**Halbmetalle**
Erdalkalimetalle	**Nichtmetalle**
Übergangsmetalle	**Halogene**
Lanthanoide	**Edelgase**
Actinoide	**Metalle**
unbekannt	

Schraffur

durchgehend = natürlich vorkommend

schraffiert = künstliches Element

Symbol

- **Li** schwarz = Feststoff
- **Ar** rot = Gas
- **Hg** blau = Flüssigkeit
- **Ts** grau = unbekannt

Piktogramme

 Explodierende Bombe

 Ätzwirkung

 Gasflasche

 Flamme (entzündbar)

 Flamme über einem Kreis (entzündend wirkend)

 Gesundheitsgefahr

 Totenkopf (akute Toxizität)

 Umwelt

 Radioaktiv

Der russische Kernphysiker Juri Zolakowitsch Oganesjan (*1933) war maßgeblich an der Entdeckung des nach ihm benannten Elementes Oganesson beteiligt.

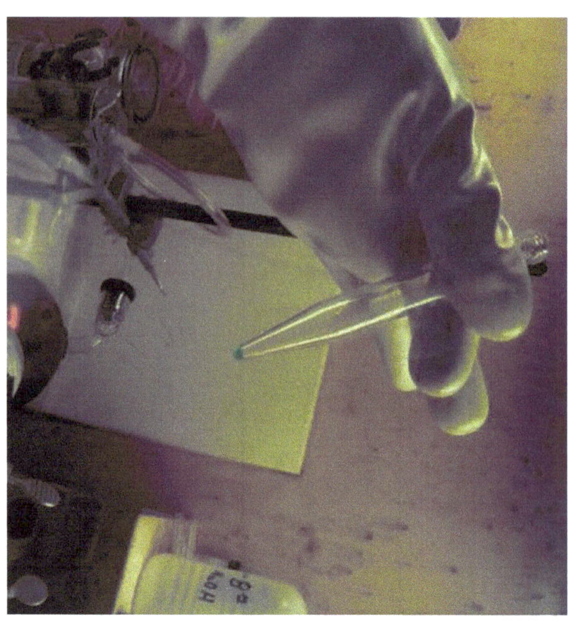

Berkeliumprobe für die Synthese von Tenness (in gelöster Form)

Alternative Periodensysteme

Die von Dmitri Mendelejew vorgeschlagene Form des PSE hat sich durchgesetzt. Daneben gibt es weitere Versuche der bildhaften Darstellung. Bis in die 1980er-Jahre sind rund 700 unterschiedliche Varianten aufgetaucht:

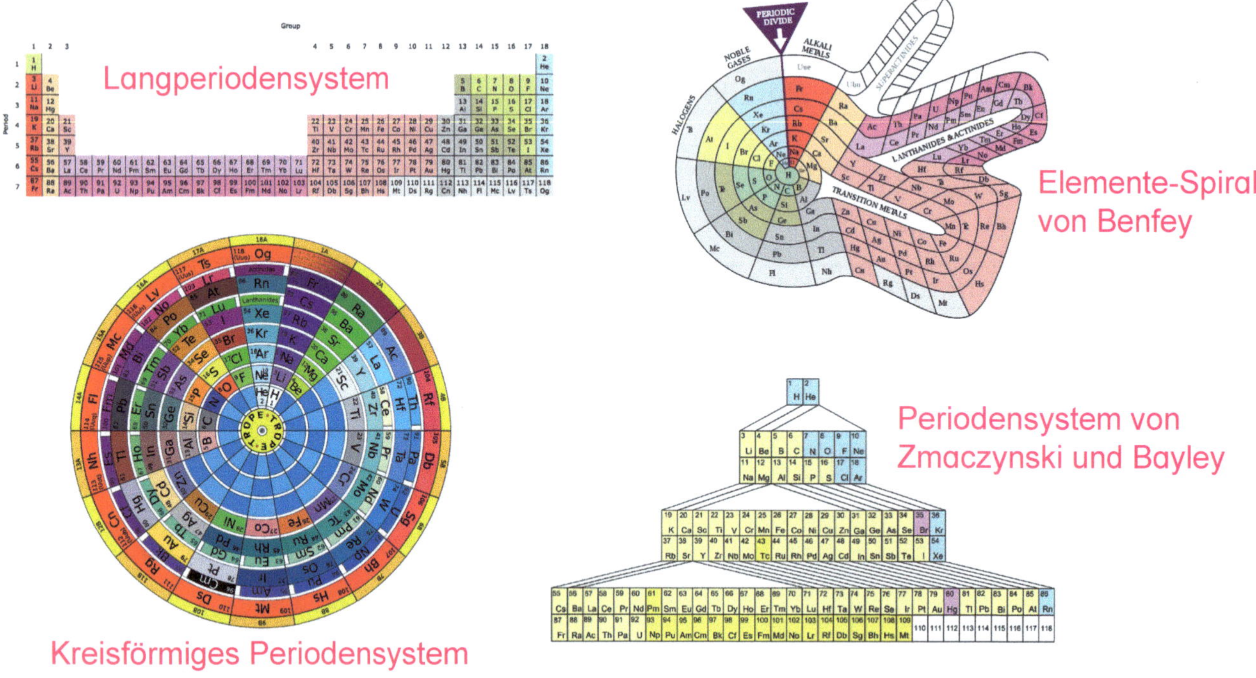

Alkalimetalle

- erste Hauptgruppe im PSE (außer H)
- silbrig glänzende, reaktive Leichtmetalle, mit nur einem Elektron in der Valenzschale
- Der Begriff „Alkali“ ist dem Arabischen al-qalya für Pottasche entlehnt.
- geringe Dichte, mit einem Messer zerteilbar
- Alkalimetalle und deren Salze zeigen spezielle Flammenfärbung.
- finden Anwendung in Feuerwerken
- kristallisieren hauptsächlich in der kubisch-raumzentrierten Struktur

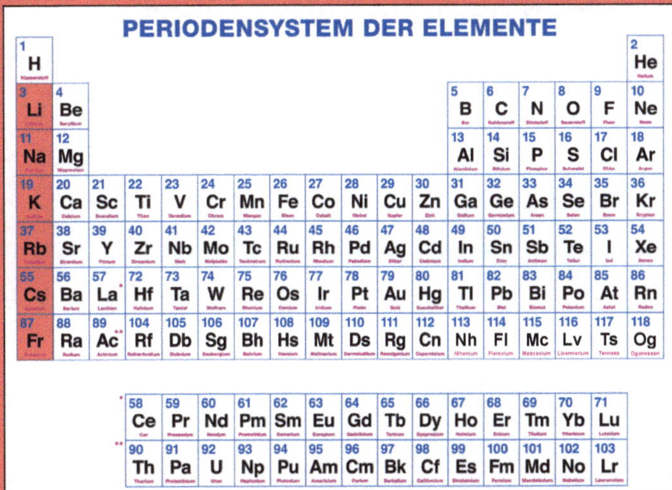

Erdalkalimetalle

- zweite Hauptgruppe im PSE
- glänzende, reaktive Leichtmetalle, mit zwei Elektronen in der Valenzschale
- Der Name leitet sich durch die Nähe zu den benachbarten Gruppen ab (den Alkalimetallen und den Erdmetallen).
- Die Erdkruste besteht zu ca. 4,16% aus Erdalkalimetallen.
- Erdalkalimetalle treten niemals gediegen auf, sondern zumeist als Silikat, Karbonat oder Sulfat.
- Erdalkalimetalle werden zumeist spektralanalytisch nachgewiesen.

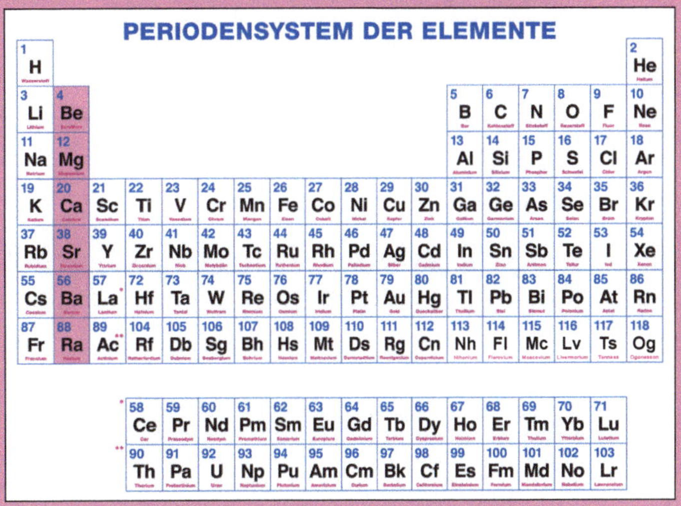

KOHL VERLAG

Übergangsmetalle

- Hohe Zugfestigkeit, Dichte, Schmelzpunkte und Siedepunkte zeichnen alle Vertreter dieser Gruppe aus.
- Elemente, die eine unvollständige d-Unterschale besitzen oder Ionen mit einer unvollständigen d-Unterschale ausbilden (IUPAC[1])
- sehr gute Katalysatoren
- Komplexbildner
- bilden gefärbte Verbindungen

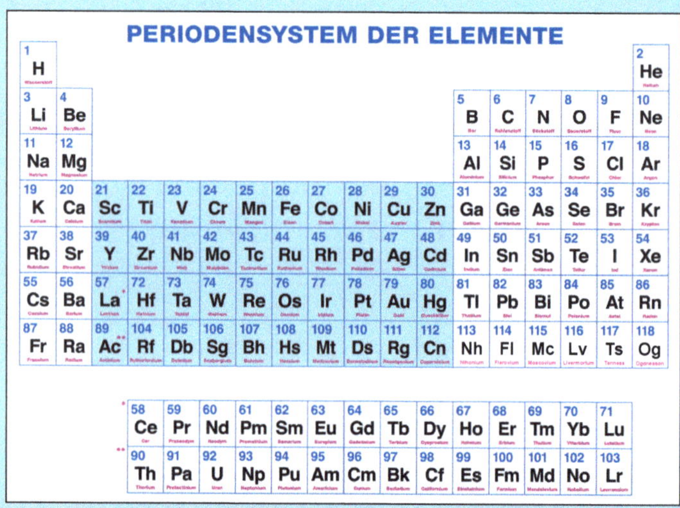

[1]Internationale Union für reine und angewandte Chemie

Edelgase

- Alle Elektronenschalen sind vollständig besetzt (Edelgaskonfiguration).
- geringe Reaktivität
- farb- und geruchlose Gase (unter Normalbedingungen)

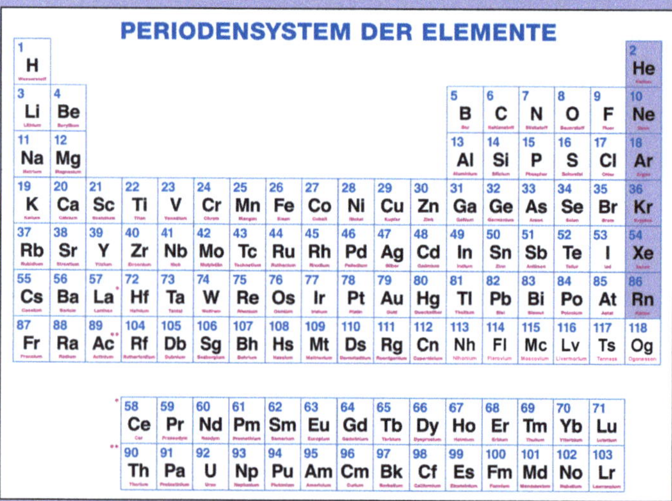

Actinoide

- Actinoide sind Elemente, die dem Actinium ähnlich sind.
- Das Actinium selbst gehört per Definition nicht zu der Gruppe.
- Alle Actinoide sind Schwermetalle.
- Alle Actinoide sind radioaktiv.

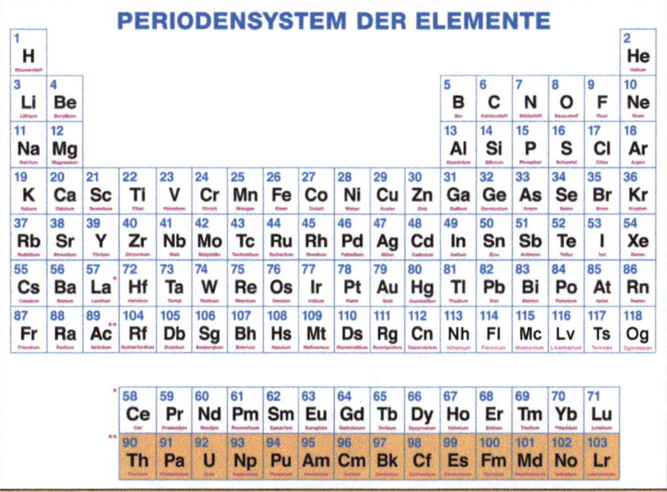

Metalle

- hohe elektrische Leitfähigkeit, die mit steigender Temperatur abnimmt
- Die Einteilung der einzelnen Elemente ist sehr schwierig. Es gibt viele Übergänge. So werden Metalle nach ihrer Dichte in Schwer- und Leichtmetalle unterteilt, und nach der Reaktivität in Edelmetalle und unedle Metalle getrennt. Die Übergänge sind fließend.
- Viele Metalle sind für die Menschen wichtige Werkstoffe.
- Metalle haben eine entscheidende Rolle in der Entwicklung der Menschheit gespielt (Bronzezeit, Kupferzeit, Eisenzeit).
- hohe Wärmeleitfähigkeit
- Verformbarkeit

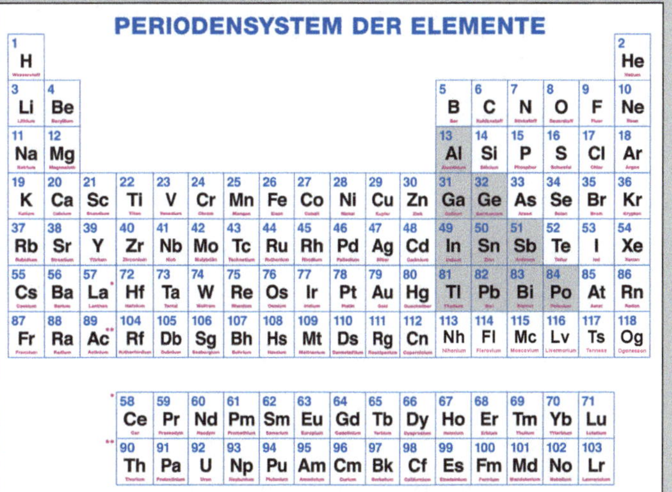

Halbmetalle

- Nehmen eine Zwischenstellung zwischen Metallen und Nichtmetallen ein.
- Weisen halbleitende und amphotere Eigenschaften auf.
- Alle Halbmetalle sind Feststoffe.
- Früher wurden Halbmetalle als Metalloide bezeichnet.

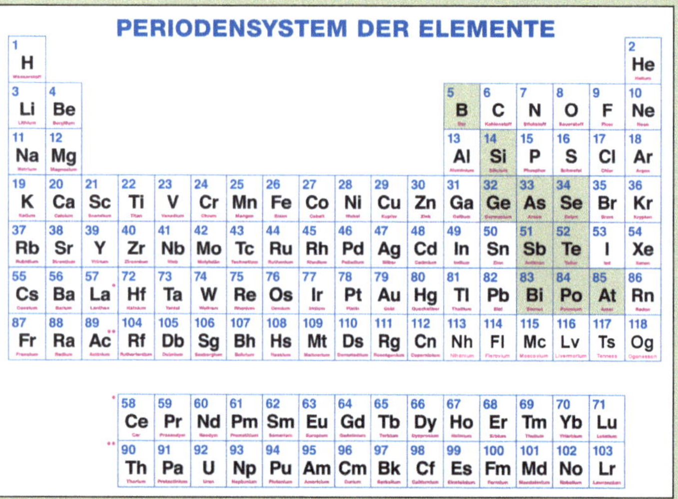

Nichtmetalle

- Elektrische und thermische Leitfähigkeit, Glanz und Härte, sowie Verformbarkeit sind metallische Eigenschaften, die den Nichtmetallen fehlen.
- Die Halogene und die Edelgase könnten per Definition ebenfalls zu den Nichtmetallen gezählt werden. Die Grenzen sind fließend.
- Die Elektronenaffinität der Nichtmetalle H, C, N, O, P, S und Se ist die höchste unter allen Elementen.

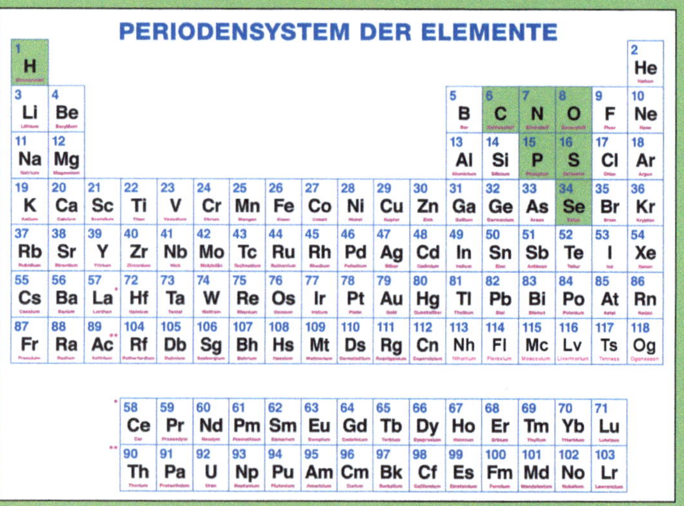

Halogene

- Halogene sind von der Wortbedeutung her „Salzbildner“.
- sehr reaktionsfreudig
- reagieren mit Metallen zu Salzen

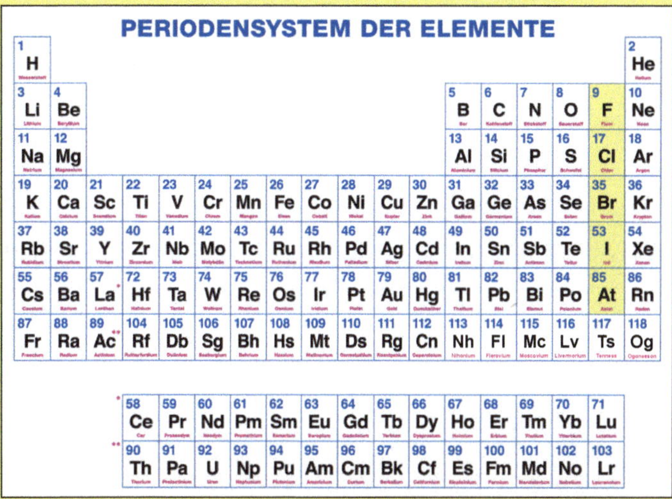

Lanthanoide

- Lanthanoide sind Elemente, die dem Lanthan ähnlich sind.
- Das Lanthan selbst gehört per Definition nicht zu der Gruppe.
- Alle Lanthanoide sind Metalle der Seltenen Erden.
- Aufgrund ihrer Ähnlichkeit kommen Lanthanoide in der Natur zumeist vergesellschaftet vor.

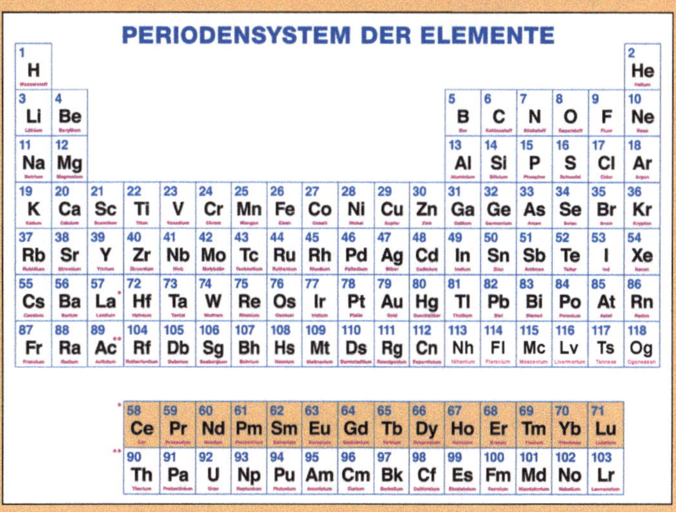

unbekannt

- Aktuell (Stand 2020) sind 6 Elemente bekannt, deren Systematisierung noch nicht abgeschlossen ist.
- Weltweit suchen Wissenschaftler nach Elementen, deren Ordnungszahl jenseits der 118 liegt. Und die Chance, dass sie fündig werden, ist groß.
- Das PSE ist demnach der aktuelle Stand der Forschung und kann in 20 Jahren schon ganz anders aussehen.

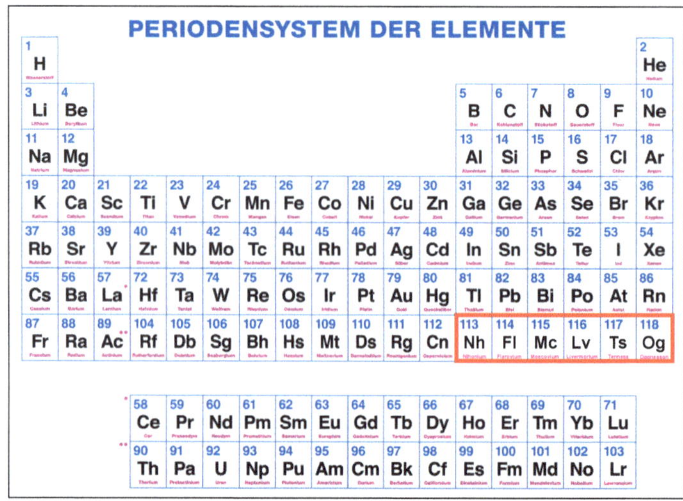

Alle stabilen Lanthanoide auf einen Blick

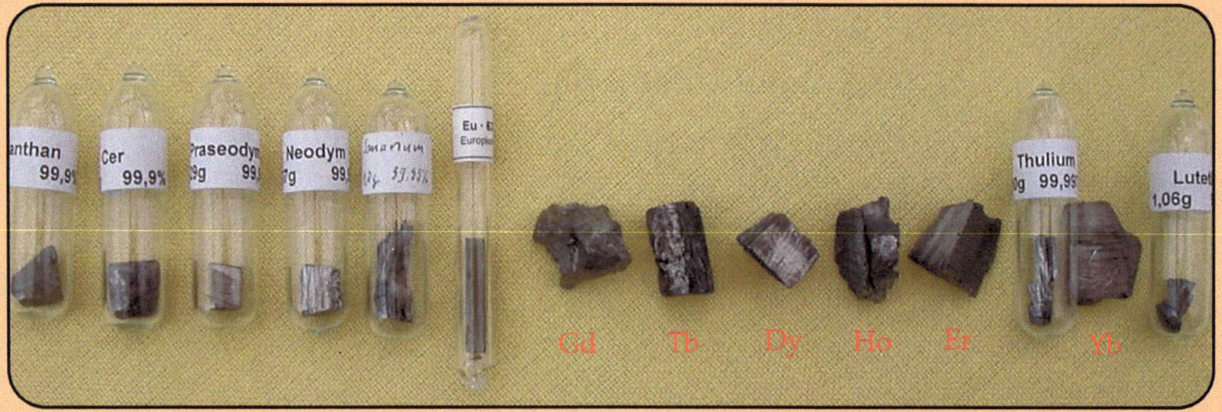